DOCÊNCIA em FORMAÇÃO

Educação Infantil

Coordenação
Selma Garrido Pimenta

© Direitos de publicação
CORTEZ EDITORA
Rua Monte Alegre, 1074 – Perdizes
05014-001 – São Paulo – SP
Tel.: (11) 3864-0111
editorial@cortezeditora.com.br
www.cortezeditora.com.br

Fundador
José Xavier Cortez

Direção Editorial
Miriam Cortez

Preparação
Tatiana Y. Tanaka Dohe

Revisão
Agnaldo Alves
Alessandra Biral
Alexandre Ricardo da Cunha

Edição de Arte
Mauricio Rindeika Seolin

Dados Internacionais de Catalogação na Publicação (CIP)
(Câmara Brasileira do Livro, SP, Brasil)

Gomes, Marineide de Oliveira
Formação de professores na educação infantil / Marineide de Oliveira Gomes. – 3ª edição revista e ampliada – São Paulo : Cortez Editora, 2025. – (Docência em formação : educação infantil / coordenação Selma Garrido Pimenta)

Bibliografia.
ISBN 978-65-5555-550-9

1. Educação infantil 2. Professores – Formação profissional I. Pimenta, Selma Garrido. II. Título. III. Série.

25-256329 CDD-370.71

Índices para catálogo sistemático:

1. Educação infantil: Profissionais: Formação: Educação 370.71

Aline Graziele Benitez - Bibliotecária - CRB-1/3129

Impresso no Brasil – agosto de 2025

Marineide de Oliveira Gomes

Formação de professores na educação infantil

3ª edição revista e ampliada
2025

CORTEZ EDITORA

Sumário

Aos professores

A **Cortez Editora** tem a satisfação de trazer ao público brasileiro, particularmente aos estudantes e profissionais da área educacional, a **Coleção Docência em Formação**, destinada a subsidiar a formação inicial de professores e a formação contínua daqueles que se encontram no exercício da docência.

Resultado de reflexões, pesquisas e experiências de vários professores especialistas de todo o Brasil, a Coleção propõe uma integração entre a produção acadêmica e o trabalho nas escolas. Configura um projeto inédito no mercado editorial brasileiro, por abarcar a formação de professores para todos os níveis de escolaridade: a Educação Básica (incluindo a Educação Infantil, o Ensino Fundamental e o Ensino Médio) e a Educação Superior; a Educação de Jovens e Adultos e a Educação Profissional. Completa essa formação com as problemáticas transversais e com os saberes pedagógicos.

Com mais de 38 anos de experiência e reconhecimento, a Cortez é uma referência no Brasil, nos demais países latino-americanos e em Portugal, pela coerência de sua linha editorial e atualidade dos temas que publica, especialmente na área da educação, entre outras. É com orgulho e satisfação que lançamos esta coleção, pois estamos convencidos de que representa novo e valioso impulso e colaboração ao pensamento pedagógico e à valorização do trabalho dos professores na direção de uma melhoria da qualidade social da escolaridade.

Mara Cortez, Miriam Cortez e Márcia Cortez
Diretoras

Apresentação da coleção

A **Coleção Docência em Formação** tem por objetivo oferecer aos professores em processo de formação e aos que já atuam como profissionais da Educação subsídios formativos que levem em conta as novas diretrizes curriculares, buscando atender, de modo criativo e crítico, às transformações introduzidas no sistema nacional de ensino pela Lei de Diretrizes e Bases da Educação Nacional, de 1996. Sem desconhecer a importância desse documento como referência legal, a proposta desta Coleção identifica seus avanços e seus recuos e assume como compromisso maior buscar uma efetiva interferência na realidade educacional por meio do processo de ensino e de aprendizagem, núcleo básico do trabalho docente. Seu propósito é, pois, fornecer aos docentes e alunos das diversas modalidades dos cursos de formação de professores (Licenciaturas) e aos docentes em exercício, livros de referência para sua preparação científica, técnica e pedagógica. Os livros contêm subsídios formativos relacionados ao campo dos saberes pedagógicos, bem como ao campo dos saberes relacionados aos conhecimentos especializados das áreas de formação profissional.

A proposta da Coleção parte de uma concepção orgânica e intencional de educação e de formação de seus profissionais, e com clareza do que se pretende formar para atuar no contexto da sociedade brasileira contemporânea, marcada por determinações históricas específicas.

Como bem mostram estudos e pesquisas recentes na área, os professores são profissionais essenciais nos processos de mudanças das sociedades. Se forem deixados à margem, as decisões pedagógicas e curriculares alheias, por mais interessantes que possam parecer, não se efetivam, não gerando efeitos sobre o social. Por isso, é preciso investir na formação e no desenvolvimento profissional dos professores.

Na sociedade contemporânea, as rápidas transformações no mundo do trabalho, o avanço tecnológico configurando a sociedade virtual e os meios de informação e comunicação incidem com bastante força na escola, aumentando os desafios para torná-la uma conquista democrática efetiva. Transformar as escolas em suas práticas e culturas tradicionais e burocráticas que, por intermédio da retenção e da evasão, acentuam a exclusão social, não é tarefa simples nem para poucos. O desafio é educar as crianças e os jovens propiciando-lhes um desenvolvimento humano, cultural, científico e tecnológico, de modo que adquiram condições para fazer frente às exigências do mundo contemporâneo. Tal objetivo exige esforço constante do coletivo da escola – diretores, professores, funcionários e pais de alunos – dos sindicatos, dos governantes e de outros grupos sociais organizados.

Não se ignora que esse desafio precisa ser prioritariamente enfrentado no campo das políticas públicas. Todavia, não é menos certo que os professores são profissionais essenciais na construção dessa nova escola. Nas últimas décadas, diferentes países realizaram grandes investimentos na área da formação e desenvolvimento profissional de professores visando essa finalidade. Os professores contribuem com seus saberes, seus valores, suas experiências nessa complexa tarefa de melhorar a qualidade social da escolarização.

Entendendo que a democratização do ensino passa pelos professores, por sua formação, por sua valorização profissional e por suas condições de trabalho, pesquisadores têm apontado para a importância do investimento no seu desenvolvimento profissional, que envolve formação inicial e continuada, articulada a um processo de valorização identitária e profissional dos professores. Identidade que é *epistemológica*, ou seja, que reconhece a docência como um *campo de conhecimentos específicos* configurados em quatro grandes conjuntos, a saber:

1. conteúdos das diversas áreas do saber e do ensino, ou seja, das ciências humanas e naturais, da cultura e das artes;
2. conteúdos didático-pedagógicos, diretamente relacionados ao campo da prática profissional;
3. conteúdos relacionados a saberes pedagógicos mais amplos do campo teórico da educação;
4. conteúdos ligados à explicitação do sentido da existência humana individual, com sensibilidade pessoal e social.

Vale ressaltar que identidade que é *profissional*, ou seja, a docência, constitui um campo específico de intervenção profissional na prática social. E, como tal, ele deve ser valorizado em seus salários e demais condições de exercício nas escolas.

O desenvolvimento profissional dos professores tem-se constituído em objetivo de propostas educacionais que valorizam a sua formação não mais fundamentada na racionalidade técnica, que os considera como meros executores de decisões alheias, mas em uma perspectiva que reconhece sua capacidade de decidir. Ao confrontar suas ações cotidianas com as produções teóricas, impõe-se rever suas práticas e as teorias que as informam, pesquisando a prática e produzindo novos conhecimentos para a teoria e a prática de ensinar. Assim, as transformações das práticas docentes só se efetivam à medida que o professor *amplia sua consciência sobre a própria prática*, a de sala de aula e a da escola como um todo, o que pressupõe os conhecimentos teóricos e críticos sobre a realidade. Tais propostas enfatizam que os professores colaboram para transformar as escolas em termos de gestão, currículos, organização, projetos educacionais, formas de trabalho pedagógico. Reformas gestadas nas instituições, sem tomar os professores como parceiros/autores, não transformam a escola na direção da qualidade social. Em consequência, *valorizar o trabalho docente significa dotar os professores de perspectivas de análise que os ajudem a compreender os contextos históricos, sociais, culturais, organizacionais nos quais se dá sua atividade docente.*

Na sociedade brasileira contemporânea, novas exigências estão postas ao trabalho dos professores. No colapso das antigas certezas morais, cobra-se deles que cumpram funções da família e de outras instâncias sociais; que respondam à necessidade de afeto dos alunos; que resolvam os problemas da violência, das drogas e da indisciplina; que preparem melhor os alunos nos conteúdos das matemáticas, das ciências e da tecnologia tendo em vista colocá-los em melhores condições para enfrentarem a competitividade; que restaurem a importância dos conhecimentos na perda de credibilidade das certezas científicas; que sejam os regeneradores das culturas/identidades perdidas com as desigualdades/diferenças culturais; que gestionem as escolas com economia cada vez mais frugal; que trabalhem coletivamente em escolas com horários cada vez mais fragmentados. Em que pese a importância dessas demandas, não se pode exigir que os professores individualmente considerados façam frente a elas. Espera-se, sim, que coletivamente apontem caminhos institucionais a seu enfrentamento.

É nesse contexto complexo, contraditório, carregado de conflitos de valor e de interpretações, que se faz necessário ressignificar a identidade do professor. O ensino, atividade característica do professor, é uma prática social complexa, carregada de conflitos de valor e que exige opções éticas e políticas. Ser professor requer saberes e conhecimentos científicos, pedagógicos, educacionais, sensibilidade da experiência, indagação teórica e criatividade para fazer frente às situações únicas, ambíguas, incertas, conflitivas e, por vezes, violentas, das situações de ensino, nos contextos escolares e não escolares. É da natureza da atividade docente proceder à mediação reflexiva e crítica entre as transformações sociais concretas e a formação humana dos alunos, questionando os modos de pensar, sentir, agir e de produzir e distribuir conhecimentos na sociedade.

Problematizando e analisando as situações da prática social de ensinar, o professor incorpora o conhecimento elaborado, das ciências, das artes, da filosofia, da pedagogia e das ciências da educação, como ferramentas para a compreensão e proposição do real.

A Coleção investe, pois, na perspectiva que valoriza a capacidade de decidir dos professores. Assim, discutir os temas que perpassam seu cotidiano nas escolas – projeto pedagógico, autonomia, identidade e profissionalidade dos professores, violência, cultura, religiosidade, a importância do conhecimento e da informação na sociedade contemporânea, a ação coletiva e interdisciplinar, as questões de gênero, o papel do sindicato na formação, entre outros –, articulados aos contextos institucionais, às políticas públicas e confrontados com experiências de outros contextos escolares e com as teorias, é o caminho a que a **Coleção Docência em Formação** se propõe.

Os livros que a compõem apresentam um tratamento teórico-metodológico pautado em três premissas: há uma estreita vinculação entre os conteúdos científicos e os pedagógicos; o conhecimento se produz de forma construtiva e existe uma íntima articulação entre teoria e prática.

Assim, de um lado, impõe-se considerar que a atividade profissional de todo professor possui uma natureza pedagógica, isto é, vincula-se a objetivos educativos de formação humana e a processos metodológicos e organizacionais de transmissão e apropriação de saberes e modos de ação. O trabalho docente está impregnado de intencionalidade, pois visa a formação humana por meio de conteúdos e habilidades de pensamento e ação, implicando escolhas, valores, compromissos éticos. O que significa introduzir objetivos explícitos de natureza conceitual, procedimental e valorativa em relação aos conteúdos da matéria que se ensina; transformar o saber científico ou tecnológico em conteúdos formativos; selecionar e organizar conteúdos de acordo com critérios lógicos e psicológicos em função das características dos alunos e das finalidades do ensino; utilizar métodos e procedimentos de ensino específicos, inserindo-se em uma estrutura organizacional em que participa das decisões e das ações coletivas. Por isso, para ensinar, o professor necessita de conhecimentos e práticas que ultrapassem o campo de sua especialidade.

De outro ponto de vista, é preciso levar em conta que todo conteúdo de saber é resultado de um processo de construção de conhecimento. Por isso, dominar conhecimentos não se refere apenas à apropriação de dados objetivos pré-elaborados, produtos prontos do saber acumulado. Mais do que dominar os produtos, interessa que os alunos compreendam que estes são resultantes de um processo de investigação humana. Assim, trabalhar o conhecimento no processo formativo dos alunos significa proceder à mediação entre os significados do saber no mundo atual e aqueles dos contextos nos quais foram produzidos. Significa explicitar os nexos entre a atividade de pesquisa e seus resultados, portanto, instrumentalizar os alunos no próprio processo de pesquisar.

Na formação de professores, os currículos devem configurar a pesquisa como princípio cognitivo, investigando com os alunos a realidade escolar, desenvolvendo neles essa atitude investigativa em suas atividades profissionais e assim configurando a pesquisa também como *princípio formativo* na docência.

Além disso, é no âmbito do processo educativo que mais íntima se afirma a relação entre a teoria e a prática. Em sua essência, a educação é uma prática, mas uma prática intrinsecamente intencionalizada pela teoria. Decorre dessa condição a atribuição de um lugar central ao estágio, no processo da formação do professor. Entendendo que o estágio é constituinte de todas as disciplinas percorrendo o processo formativo desde seu início, os livros da Coleção sugerem várias modalidades de articulação direta com as escolas e demais instâncias nas quais os professores atuarão, apresentando formas de estudo, análise e problematização dos saberes nelas praticados. O estágio também pode ser realizado como espaço de projetos interdisciplinares, ampliando a compreensão e o conhecimento da realidade profissional de ensinar. As experiências docentes dos alunos que já atuam no Magistério, como também daqueles que participam da formação continuada, devem ser valorizadas como referências importantes para serem discutidas e refletidas nas aulas.

Considerando que a relação entre as instituições formadoras e as escolas pode se constituir em espaço de formação contínua tanto para os professores das escolas como para os formadores, os livros sugerem a realização de projetos conjuntos entre ambas. Essa relação com o campo profissional poderá propiciar ao aluno em formação oportunidade para rever e aprimorar sua escolha pelo Magistério.

Para subsidiar a formação inicial e continuada dos professores onde quer que se realizem: nos cursos de licenciatura, de pedagogia e de pós-graduação, em universidades, faculdades isoladas, centros universitários e Ensino Médio, a Coleção está estruturada nas seguintes séries:

Educação Infantil: profissionais de creche e pré-escola.

Ensino Fundamental: professores do 1º ao 5º ano e do 6º ao 9º ano.

Ensino Médio: professores do Ensino Médio.

Ensino Superior: professores do Ensino Superior.

Educação de Jovens e Adultos: professores de jovens e adultos em cursos especiais.

Saberes pedagógicos e formação de professores.

Em síntese, a elaboração dos livros da Coleção pauta-se nas seguintes perspectivas: investir no conceito de *desenvolvimento profissional*, superando a visão dicotômica de formação inicial e de formação continuada; investir em sólida formação teórica nos campos que constituem os saberes da docência; considerar a formação voltada para a profissionalidade docente e para a construção da identidade de professor; tomar a pesquisa como componente essencial da/na formação; considerar a prática social concreta da educação como objeto de reflexão/formação ao longo do processo formativo; assumir a visão de totalidade do processo escolar/educacional em sua inserção no contexto sociocultural; valorizar a docência como atividade intelectual, crítica e reflexiva; considerar a ética como fator fundamental na formação e na atuação docente.

Selma Garrido Pimenta
Coordenadora

Pelo otimismo

Como indivíduos e como cidadãos, temos perfeito direito
a ver tudo na cor diferenciada da maior parte das formigas e
de grande número de telefones antigos, ou seja, muito preto.
Enquanto educadores, porém, não nos resta outro remédio
senão ser otimistas, infelizmente.
Educar é crer na perfectibilidade humana, na capacidade
inata de aprender e no desejo de saber que há coisas
(símbolos, técnicas, valores, memórias, fatos...) que podem
ser sabidos e que merecem sê-lo – e que nós, homens, podemos
melhorar uns aos outros, através do conhecimento.
De todas essas crenças otimistas podemos muito bem descrer
privadamente, mas se queremos educar ou entender em que
consiste a educação não há outro remédio senão aceitá-las.
Com verdadeiro otimismo pode-se escrever contra a educação,
mas o otimismo é imprescindível para estudá-la...
e para exercê-la. Os pessimistas podem ser bons domadores,
mas não bons professores.

(Trecho de "Carta à professora"
prólogo do livro *O valor de educar* – Fernando Savater)

Educação infantil e formação de professores na educação infantil

Por que pesquisar a educação infantil e as identidades de professores(as) que trabalham na educação infantil?

Algumas razões justificam esse propósito. Nossa trajetória de trabalho em instituições de educação infantil e em nível de coordenação de sistemas de governos municipais nas áreas de educação e de assistência social foi evidenciando certa lacuna nesse campo. Creches e pré-escolas inseridas nos sistemas educacionais, compreendidas no plano legal como a primeira etapa da educação básica, apresentam um sem-número de perguntas a ser respondidas quando da operacionalização dessa determinação legal, especialmente no que se refere ao tipo de profissional capaz de cuidar de crianças pequenas e educá-las.

Denominamos "crianças pequenas" o segmento etário até 5/6 anos e utilizaremos a expressão "professores(as) de educação infantil" para os(as) profissionais que atuam em instituições de educação infantil, na maioria mulheres. A expressão "professores(as)" será utilizada para referir-nos aos(às) profissionais da educação de maneira geral.

Creches e pré-escolas: dois atendimentos histórico-sociais diferenciados. Historicamente a creche se vincula à história da mulher trabalhadora, ao mundo do trabalho, caracterizando-se, durante muito tempo, como instituição substituta do lar materno. O percurso histórico das creches revela uma dinâmica de altos e baixos: ora de ampliação, ora de retraimento, em geral com recursos insuficientes, como atendimento paliativo que contou com grande expansão nos anos 1980 pela força de movimentos sociais de luta por creches, com destaque aos movimentos de bairros, sindical e feminista. As creches, entendidas como direito de qualquer criança, não só da mãe trabalhadora, e como espaço especializado de atendimento educacional complementar ao oferecido pela família, só vão adquirir essas características ao final do século XX, período em que a criança passa a destacar-se na agenda política brasileira e se busca a superação do atendimento assistencial, prevalecendo a concepção sobre a garantia de espaços institucionais de múltiplas interações, o que apresentou outra conotação para a dimensão do cuidar em creches.

A pré-escola, por sua vez, apresenta-se, na História da Educação, como um atendimento público sistematizado e, no caso brasileiro, de maneira geral, como estratégia na prevenção do fracasso escolar, sendo um período de preparação à escola formal obrigatória. Nos anos 1980, observa-se também grande empenho de setores da sociedade, especialmente daqueles ligados à pesquisa na área, em apontar a necessidade de que creche e pré-escola fossem integradas, a fim de favorecer o desenvolvimento global da criança.

A junção das duas modalidades de atendimento, entendidas hoje como educação infantil, envolve considerar não apenas os conflitos e interfaces presentes nessa nova dimensão e suas consequências para a educação e para os cuidados em instituições de educação infantil, mas também as construções histórico-sociais da creche e da pré-escola no Brasil, qualificando aquilo que lhes é específico, a forma pela qual os diferentes agentes educacionais compreendem a tradução desses direitos em políticas educacionais, aliada às formas de regulamentação e de regulação pelos sistemas de ensino, e, sobretudo, a concepção de educação da infância que orienta a formação de professores(as) de educação infantil para o trabalho com esse segmento etário.

Etimologicamente, a palavra infância, do latim *infans*, significa a incapacidade de falar, e às vezes se pensava que essa incapacidade, atribuída em geral ao período chamado de primeira infância, se estendia até os 7 anos, quando se daria a passagem para a idade da razão (Kuhlmann Jr., 1998).

Entendemos que a perspectiva da infância no século XXI supõe não só garantir os direitos legais conquistados, mas também avançar para além da defesa deles, dando curso a ações que venham a efetivá-los.

Considerando o(a) professor(a) como o(a) profissional responsável pela educação-cuidados de crianças pequenas em creches e pré-escolas, temos o desafio de qualificar o perfil desse(a) profissional na área da Educação e no âmbito da educação básica, reconhecendo a complexidade da formação de crianças pequenas em ambientes coletivos. Não seria, de antemão, um(a) educador(a) infantil – tomando de empréstimo o sentido etimológico de "infância" – nem um(a) profissional que segmente e hierarquize sua ação junto à criança, mas, antes, um(a) profissional capaz de reconhecer sua(s) identidade(s) profissional(is) e a diversidade existente nesse campo e, assim como os(as) professores(as) dos demais níveis de ensino, com capacidades para fazer valer sua vez e voz e construir a autoria de seu processo formativo.

Nosso objetivo nesta obra é identificar os processos de construção de identidades profissionais de professores(as) na educação infantil que atuam em creches e pré-escolas e de estagiárias de um curso de Pedagogia que habilitava, à época da pesquisa, para a docência na educação infantil, tendo o estágio e a pesquisa como eixos de articulação entre a Formação Universitária e a Formação Contínua. Para tanto, a investigação levada a efeito envolveu uma instituição formadora de professores(as) em nível superior (curso de Pedagogia do Centro Universitário Fundação Santo André), uma creche assistencial e uma pré-escola pública municipal, todas localizadas no ABCD paulista.

> O ABCD paulista situa-se na região metropolitana da Grande São Paulo e refere-se aos municípios vizinhos de Santo André, São Bernardo do Campo, São Caetano do Sul e Diadema.

Ensinar e aprender: um ciclo (não linear) que envolve ensino e aprendizagem e, inevitavelmente, se reinicia com o ensino, seguido de novas aprendizagens. Inserimo-nos, neste trabalho, num movimento cíclico de aprender-ensinar-apreendendo, delineando as peças de um mosaico que busca apresentar um desenho cujas partes poderão sinalizar caminhos no que se refere à formação de educadoras de crianças pequenas.

A articulação entre teoria e prática tem relevância específica neste estudo, seja pela histórica participação de educadores(as) leigos(as) nessa área, que se formaram na prática, seja pela possibilidade de problematizar, por meio do estágio, as práticas observadas em creches e pré-escolas e passíveis de ser "lidas", questionadas e debatidas à luz de referenciais teóricos que possam servir para modificá-las.

Do ponto de vista metodológico, desenvolvemos uma abordagem de pesquisa, que denominamos de "Pesquisa/Formação", ao compreender o processo de pesquisa como uma maneira de problematizar a realidade com oferecimento de suportes, instrumentos teórico-práticos de ensino-aprendizagem, acentuando o caráter contínuo da formação, e ao destacar o estágio – que tem por eixo a pesquisa – como momento privilegiado na construção da identidade profissional. Esse modo de exercitar a pesquisa estimulou-nos a reforçar a crença no trabalho coletivo, nos processos de socialização profissional, como elementos indispensáveis à formação, em contraposição aos isolamentos presentes no cotidiano do trabalho institucional em creches e pré-escolas, o que implicou acompanhar o estágio de algumas estudantes e promover condições para favorecer mudanças nas concepções e nas práticas de trabalho das educadoras com as crianças e com as próprias estagiárias.

Nesse caminho, para apreender como professores(as) de educação infantil constroem suas identidades profissionais, privilegiamos possibilidades de ampliar suas vozes, na forma de produção de narrativas e participação em grupos de Pesquisa/Formação, tornando-as corresponsáveis perante seus processos formativos. Trata-se de uma maneira de olhar as identidades de quem educa e cuida de crianças pequenas em creche e pré-escola, supondo também um olhar diferenciado para a criança, vista aqui como protagonista e produtora de cultura, a fim de contribuir no diálogo com as produções existentes nessa área de formação.

Após essa introdução do tema, iniciamos, no Capítulo I, uma aproximação com o conceito de identidade profissional de educadores(as) para situarmos a compreensão das identidades profissionais de educadoras de crianças pequenas – que são plurais –, ressaltando, na construção dessas identidades, os saberes ali implicados e os processos de socialização profissional. Na sequência, no Capítulo II, abordamos os temas formação contínua, estatuto da prática e estágio na formação de professores(as), com o propósito de apresentar o estágio como uma ponte necessária entre a Formação Universitária e a Formação Contínua e o imprescindível diálogo entre instituição formadora de professores(as) em nível superior e as instituições de educação básica (nesse caso, as instituições de educação infantil). No Capítulo III, apresentamos o caminho realizado na Pesquisa/Formação que potencializou o desenvolvimento profissional de professores(as) de educação infantil, em uma tentativa de registrar o movimento de produção dessas identidades profissionais. No Capítulo IV, investigamos a tríade sujeito, profissão e instituição como maneiras articuladas de compreender as identidades profissionais de professores(as) que atuam em creches e pré-escolas, ao destacar a produção do sujeito e revelar os sentidos e as significações implicados nessa produção. Em continuidade, no Capítulo V, desenvolvemos alguns aspectos relacionados à produção da profissão e à organização institucional em creches e pré-escolas, com destaque para o processo de socialização profissional e as Necessidades Formativas de professores(as) de educação infantil. Por fim, no Capítulo VI, assinalamos uma possibilidade de formação com a inclusão do SOCIALIZAR, para além do cuidar e do educar, como qualificativo necessário não só para as crianças pequenas, mas sobretudo para programas de formação de professores(as) de educação infantil que atuam no segmento etário até 5/6 anos.

I

Uma aproximação com as identidades profissionais de educadores(as)

Quando os mestres relatam suas lembranças,
estas são um tecido de práticas. É nas práticas que se reconhecem sujeitos,
onde se refletem como um espelho. Onde reconstroem sua identidade
(Miguel Arroyo, 2000, p. 230).

Em nossa opinião, o grande desafio que se apresenta hoje à sociedade, em geral, e à educação, em particular, é o equilíbrio das relações entre o coletivo e o individual, o público e o privado, o pensamento flexível e o pensamento único/homogêneo. Parece ser inevitável, para a educação – especialmente para aquela levada a efeito pelas instituições educacionais –, a revisão de suas bases e paradigmas, promovendo um diálogo com as mudanças inerentes ao mundo atual. Nesse sentido, Hargreaves assevera:

> *Cuando la sociedad cambia pero las estructuras básicas de la enseñanza y la escolarización no, los profesores se encuentran sobrecargados, experimentan una intolerable sensación de culpabilidad, su trabajo se intensifica y la falta de tiempo ejerce sobre ellos una presión despiadada. Cada vez se añaden más cargas a las estructuras y responsabilidades presentes, pocas cosas se eliminan y, menos aún, se reestructuran completamente para adaptarlas a las nuevas expectativas y exigencias de la enseñanza (Hargreaves, 1999, p. 21).*

É nesse conjunto de argumentos de busca de equilíbrios e não de polarizações que vamos situar o tema das identidades. Os estudos que fazem uso do termo por vezes o utilizam de maneira análoga à "identificação", ao "perfil profissional", entre outros, o que nos levou a buscar uma compreensão conceitual mais aproximada a nossos propósitos.

No esforço de aproximação dos conceitos, recorremos à pesquisa sobre como tal conceito vem sendo construído em alguns estudos da área da sociologia, empreendendo um diálogo com a área da educação, até chegarmos ao conceito de identidade profissional, que servirá para balizar as interpretações efetuadas.

Ao tratarmos de identidade, estamos referindo-nos a relações, a construções de múltiplas direções. O "outro" ou "os outros significativos" têm papel fundamental na construção da identidade de "si", pois é na interação e no diálogo com eles que o sujeito passa a desenvolver a consciência sobre si mesmo, ter percepções e construir representações acerca de si.

Preocupar-se com o tema da identidade tem sido tarefa de várias áreas de conhecimento nos últimos tempos. Para Santos (1995), o tema surge com a instauração da modernidade, tendo como primeira definição a subjetividade, donde sua associação com a análise da personalidade, e implicando, dessa maneira, a formação do sujeito. Para o autor, o cotidiano supõe uma rede de contextos, vínculos e relações pelas quais o sujeito transita. Ele utiliza o conceito de "rede de subjetividades" para designar a relação dialética entre identidade e alteridade, em processo permanente de interação/negociação/reestruturação realizado com base na diferenciação e assimilação do "outro" e do "nós". Presente na alteridade está a articulação entre as práticas e os processos culturais diferenciados, configurando-se como um sistema interligado de significações. Os diferentes percursos realizados nessa rede permitem o trânsito entre o "eu", o "nós" e o "outro", impossibilitando, assim, apenas uma definição de identidade. Podemos, pois, entender que a identidade é sempre produzida na relação com o "outro" presente em diferentes círculos sociais, constituindo uma condição que pode ser alterada.

Ao tratar das identidades culturais, Santos concebe-as como mutáveis e flexíveis, como efeitos sempre transitórios e fugazes de processos de identificação/reconhecimento, julgando importante conhecer quem pergunta pela identidade, em que condições, contra quem, com que propósitos e com quais resultados. Por entender que nos encontramos em uma fase de revisão radical do paradigma epistemológico da ciência moderna, considera possível que o que mude seja o olhar sobre esses fatos. Nessa perspectiva, afirma que "o paradigma emergente é intersticial no modo como se pensa e pensa-se sempre afogado na realidade dos contextos em que se pratica" (Santos, 1995, p. 103) e conclui, ponderando que "quanto mais global for o problema, mais locais e mais multiplamente locais devem ser as soluções. São soluções movediças radicais no seu localismo" (Santos, 1995, p. 111).

Dentre outros autores que se dedicaram a estudar o tema, destacamos Berger e Luckmann (1976). Em um contexto de relações entre a sociedade e a produção de conhecimentos, consideram que a identidade – elemento-chave da realidade objetiva que se encontra em relação dialética com a sociedade –, quando cristalizada, é mantida, modificada ou mesmo remodelada pelas relações sociais. Procedendo a uma análise do mundo social como realidade subjetiva, os autores distinguem dois tipos de interiorização da realidade: as socializações primária e secundária.

Para eles, a socialização primária ocorre por meio da interiorização, isto é, da apreensão ou interpretação imediata de um acontecimento objetivo como dotado de sentido – caso em que a manifestação de processos subjetivos de outrem se torna subjetivamente significativa para si. Somente após ter realizado esse grau de interiorização é que o indivíduo se torna membro da sociedade.

É com base nessa identificação com os "outros significativos" que a criança se torna capaz de identificar a si mesma, de adquirir uma identidade subjetivamente coerente e plausível, assim como é pela absorção dos papéis e atitudes dos outros significativos que ela passa a torná-los seus, criando uma abstração progressiva desses elementos particulares até que sejam tomados em sua dimensão geral.

A socialização secundária seria o processo de aquisição do conhecimento de funções específicas, direta ou indiretamente, com raízes na divisão do trabalho. Para conservar a confiança em ser, na verdade, a pessoa que pensa ser, o indivíduo necessita não somente da confirmação implícita dessa identidade, que mesmo os contatos diários casuais poderiam fornecer, mas também da confirmação explícita e carregada de emoção outorgada pelos outros significativos para si. E, nessa perspectiva, é importante considerarmos a concepção de sujeito e a produção de subjetividades.

O tema é também examinado por Castells (1999), ao conceituar identidade como a possibilidade de atribuição de significados que tem como referência atributos de ordem cultural, os quais são, via de regra, múltiplos. Reforçando as concepções de autores já citados, as identidades, para ele, estariam em permanente movimento.

Nessa ótica, faz-se imperativo o reconhecimento de que a identidade se constrói na relação direta com a diferença, em círculos sociais diferenciais, e é o que nos distingue do "outro". Nesse sentido, Woodward (2000) sugere que, para a compreensão de como a identidade funciona, precisamos da mediação de conceitualizações, que configuram suas diferentes dimensões; a identidade envolve reivindicações essencialistas sobre quem pertence e quem não pertence a determinado grupo identitário. Por vezes, tais reivindicações estão baseadas na natureza ou em alguma versão essencialista da história e do passado, na qual a história é construída ou representada como uma verdade imutável. A identidade é, na verdade, relacional, e a diferença estabelece-se por uma marcação simbólica relativamente a outras identidades; a identidade está vinculada também a condições sociais e materiais. Se, por exemplo, um grupo é simbolicamente marcado como inimigo ou como tabu, isso terá efeitos concretos, pois tal grupo poderá ser socialmente excluído daquele contexto e ter desvantagens em relação a outros grupos.

Na área da educação e no processo autoformativo, estamos diante de uma dualidade que parece apresentar diferenças, ambiguidades e, ao mesmo tempo, semelhanças. O(a) educador(a) difere-se dos(as) estudantes e, ao mesmo tempo, assemelha-se-lhes de maneira subjetiva e objetiva em uma figuração que é individual e também coletiva. O sujeito é único, singular e só existe quando partilha de uma coletividade, construindo visões de mundo e constituindo-se em variadas interações em busca da transformação de si e do mundo – o que corrobora a afirmação de Paulo Freire sobre o caráter inconcluso do ser humano (Freire, 1997). À disposição do sujeito, estão as possibilidades de modificar-se e transformar o mundo num processo contínuo de estar sendo. Ao fazer a história, ele assume a condição de sujeito/ator, pois se faz e se refaz.

Ainda na tentativa de buscar uma definição para identidade profissional, de um lado, a primeira associação que podemos fazer, relacionada a nosso cotidiano, é a do documento que identifica determinada profissão, o registro que oferece a chancela para o exercício profissional. No caso de algumas profissões – em geral as mais valorizadas socialmente –, para a obtenção do referido registro, faz-se necessária a submissão a um exame que habilitará o candidato a inserir-se de maneira qualificada no campo profissional.

De outro lado, as profissões são construções dinâmicas, pois, ao obedecerem à lógica do mundo do trabalho, tendem a adquirir múltiplas nuanças. No cenário atual, com as novas transformações do processo econômico de globalização, e pelo uso de novas tecnologias, muitas profissões sofrem transformações, deixam de existir ou adquirem situação residual.

Dubar (1997), autor que desenvolveu estudos sobre identidades sociais e profissionais na França ao final dos anos 1980, conceitua identidade profissional como construções sociais que implicam a interação entre as trajetórias individuais e os sistemas de emprego, de trabalho e de formação. O autor apresenta, para essa análise, identidades profissionais típicas articuladas aos níveis de transação subjetiva – identidade para si (imagem interna) – e de transação objetiva – identidade para o outro (imagem externa) –, organizadas na forma de *continuidade*, que se situaria entre a identidade herdada e a identidade visada em um espaço unificado de realização, um sistema no qual os indivíduos desenvolvem práticas contínuas ou de *ruptura*, situadas entre a definição do eu, oriunda da trajetória anterior, e a projeção do eu no futuro.

Esse quadro resulta na impossibilidade de construir uma identidade de futuro no interior do espaço produtor da identidade já configurada do sujeito. A identidade projetada pode ser sobrevalorizada ou desvalorizada em relação à identidade herdada, estando, portanto, em ruptura com ela.

No âmbito da continuidade, ligada ao reconhecimento, ou seja, à existência de uma instituição que legitima a identidade visada pelo indivíduo, o autor denomina *identidade de promoção* aquela que se relaciona com a identidade das organizações ou instituições. Nesse caso, ela projeta-se num espaço social e institucional de qualificação que implica reconhecimentos de "profissionalidades" estruturantes. Quando não há reconhecimento, quando as pretensões pessoais do sujeito não são acolhidas e o futuro da instituição não coincide com as pretensões do futuro desse sujeito, ocorre uma *identidade de bloqueio* e a identidade situar-se-ia no nível do ofício (daquilo que é considerado básico para o exercício profissional).

Já no âmbito da ruptura, a identidade envolve-se em um conflito entre a identidade atribuída pela instituição e a identidade forjada pelo sujeito. Nesse caso, ele pode encontrar-se em um estado de *exclusão*, que origina uma identidade ameaçada, ou em um processo de *conversão*, que pode traduzir-se em uma identidade incerta.

Assim, a construção das identidades apresenta-se inseparável da existência de espaços institucionais de emprego-formação e dos tipos de relações profissionais que estruturam as diversas formas específicas de mercados de trabalho. As configurações identitárias típicas poderiam ser abstratamente associadas a "momentos" privilegiados de uma biografia profissional ideal, que segue da formação profissional inicial até a inatividade produtiva ou ocupacional, isto é, até o fim do exercício profissional (período que, para muitos, coincide com a aposentadoria).

Ainda segundo Dubar, as identidades estão em movimento, e essa dinâmica de desestruturação/reestruturação toma, por vezes, a forma de uma "crise das identidades". O autor realça os contextos em que os indivíduos se movimentam e se relacionam, considerados como o eixo central dos processos de construção identitária. Segue afirmando que cada configuração identitária tem, hoje, uma forma mista no interior da qual as antigas identidades entram em conflito com as novas exigências da produção e onde as antigas lógicas que perduram entram em combinação e, por vezes, em conflito com as novas tentativas de racionalização econômica e social.

Em que esses autores contribuem para a compreensão das identidades profissionais de educadoras que exercem o ofício da educação e do cuidado de crianças pequenas em creches e pré-escolas? Considerando as relações existentes entre creche e pré-escola e o diálogo (ou a falta dele) entre profissionais dessas duas instituições de educação infantil na apreensão dos significados e sentidos que atribuem a seu fazer, concordamos com os autores citados quanto à importância ou relevância das interações, negociações e reestruturações que ocorrem por meio da diferenciação e assimilação do outro e de si mesmo.

A aproximação com o conceito de identidade profissional docente, guardadas as devidas proporções, pode auxiliar-nos na tentativa de compreender o tema das identidades profissionais de professores(as) de educação infantil. Nesta análise buscaremos não perder de vista a especificidade e a singularidade desse(a) professor(a) que, de modo diverso dos(as) professores(as) dos demais níveis e modalidades de ensino, atua diretamente com as famílias e as crianças. E é nesse tripé (educador(a), crianças e famílias) que suas identidades profissionais poderão sustentar-se.

Acerca da identidade profissional docente, Carrolo (1997) apresenta uma base de compreensão dos mecanismos de socialização e dos fatores a ela subjacentes, organizando-os em três níveis de socialização. No primeiro nível haveria a caracterização da *matriz de formação do(a) professor(a) em sua relação com o saber* como algo tipicamente tecnicista, centrado predominantemente na sala de aula e no treino das técnicas de instrução e transmissão dos conhecimentos. O segundo estaria caracterizado pela *dinâmica de formação*, constituído pela interface entre formador e formandos: as etapas, os problemas e as contradições. O terceiro caracterizaria o *campo profissional*, na forma de um conjunto de práticas e de representações específicas da profissão. Para o autor, se a constituição da identidade profissional, em termos individuais, se realiza ao longo de toda a carreira e requer um acompanhamento em longo prazo, em termos de grupo a identidade profissional consubstancia-se historicamente na cultura profissional como patrimônio que assegura a sobrevivência do grupo e permite a definição de estratégias identitárias adaptadas a cada realidade histórica e social.

Nóvoa, ao analisar as formas de "se sentir e ser professor", sublinha o fato de que a identidade não é um dado, não é uma propriedade nem sequer um produto, "é um lugar de lutas e conflitos, é um espaço de construção de maneiras de ser e de estar na profissão" (Nóvoa, 1992, p. 15). E, na construção da identidade profissional de professor(a), este(a) transitaria por uma triangulação, um percurso triangular ou tridimensional: de *adesão* a um conjunto de princípios e valores, adotando projetos comuns a outros(as) professores(as) e realizando investimentos positivos nas potencialidades das crianças e dos jovens; de *ação*, ao selecionar formas próprias de agir, tomando decisões de foro pessoal e profissional; e de *autoconsciência*, com a reflexão sobre a própria ação como a base de todas as decisões.

Nos estudos analisados, parece haver um consenso sobre a identidade profissional quando se entende que ela é dinâmica, produzindo momentos característicos de passagem nesse movimento que se desenvolve ao longo da carreira profissional ou ciclo de vida profissional, e se organiza entre a "*identidade para si*" – a forma pela qual cada um vai construindo sua imagem profissional – e a "*identidade para os outros*" – a forma pela qual a sociedade vê e trata a profissão.

Assim, podemos concluir que a identidade profissional de professores(as) se associa ao sentimento e à consciência de pertencer a um grupo – ao lugar em que cada um se insere no mundo e na profissão –, de ser um(a) profissional. E, nessa perspectiva de pertença grupal, os distintos modos de reconhecimento e valorização profissional parecem ocupar papel central.

Arroyo (2000), ao situar a aprendizagem do ofício de mestre, do papel da educação como humanização, acentua a necessidade de olhar o desenvolvimento humano e as interações entre pares. Alerta-nos sobre o subsolo comum que configura a matriz fundadora da teoria pedagógica – a *pedagogia do como*: a forma de ensinar que condiciona o que somos e produz significações no estudante.

Os saberes invisíveis dos(as) professores(as), construídos ao longo do percurso formativo em diferentes contextos socializadores, servem não só para resgatar as significações do passado e colaborar na compreensão do presente, mas também para pensar o futuro, promovendo condições de autoconhecimento e de autoformação. Ao problematizar, na forma de um diálogo interior, os saberes da experiência – na seleção que o sujeito faz –, é possível atentar para os sentidos desenvolvidos ou ignorados até então por ele. Para Josso:

> *Se a inovação nasce de individualidades inquietas, os procedimentos de sua legitimação são um testemunho da tensão frágil entre tradição e modernidade. Os contos e as histórias da nossa infância foram os primeiros elementos de uma aprendizagem de que ser humano é também criar histórias que simbolizam a nossa compreensão das coisas da vida. As experiências contam não o que a vida lhes ensinou, mas o que se aprendeu experiencialmente nas circunstâncias da vida (Josso, 2002, p. 31).*

É importante considerar que o(a) professor(a) não está pronto(a) quando termina o curso de formação docente. No exercício profissional, as diferentes situações vivenciais que a condição de ser professor(a) exigirá vão requerer dele(a) referências existenciais sobre todos os envolvidos no processo educacional, a começar pela compreensão de si mesmo(a): olhar para si e compreender-se educador(a), inserido(a) em determinado contexto sociocultural.

Uma qualidade importante que o(a) professor(a) necessitaria desenvolver é a habilidade para o trabalho com grupos, com coletividades. Nesse sentido, Tardif considera que o(a) professor(a) trabalha *com* e *sobre* seres humanos e acrescenta:

> *Sendo uma profissão de relações humanas, a docência distingue-se assim da maioria das outras ocupações em que a relação com os clientes são individualizadas, privadas, secretas (advogado, terapeuta, médico etc.). Com efeito, mesmo sendo realizado num ambiente fechado, o objeto do trabalho docente é coletivo e público. O professor, agindo só, lida, contudo, com um "outro coletivo" (Tardif, 2005, p. 68).*

Em se tratando da formação de professores(as) de educação infantil, estamos referindo-nos a uma forma de educação de adultos em que os saberes da experiência são fundamentais. Nesse sentido, os(as) professores(as) de educação infantil formam-se nessa dinâmica de relações, interações, mediações e proposições, e a(s) identidade(s) que eles construirão está(estão) vinculada(s) a esses contextos socializadores, a esses modos de ser e estar na profissão.

Corroborando as afirmações anteriores, que concebem a identidade profissional nessa área como um processo, como construção permanente, Pimenta afirma:

> *Uma identidade profissional constrói-se com base na significação social da profissão; na revisão constante dos significados sociais da profissão; na revisão das tradições. Mas também na reafirmação de práticas consagradas culturalmente e que permanecem significativas. Práticas que resistem a inovações porque são prenhes de saberes válidos às necessidades da realidade, do confronto entre as teorias e as práticas, da análise sistemática das práticas à luz das teorias existentes, da construção de novas teorias. Constrói-se também pelo significado que cada professor, como ator e autor, confere à atividade docente no seu cotidiano com base em seus valores, seu modo de situar-se no mundo, suas histórias de vida, suas representações, seus saberes, suas angústias e seus anseios (Pimenta, 1997, p. 42).*

As opções aqui delimitadas para a compreensão da constituição do sujeito (que é, entre outros aspectos, social, afetivo e relacional) terão papel relevante na análise da construção de identidades de educadoras de crianças pequenas em instituições de educação infantil, sobretudo pelo componente da disponibilidade em formar-se como projeto pessoal e profissional. Entendemos que só há formação quando o outro (sujeito e objeto de nossa intencionalidade educativa) quer formar-se.

> É ainda comum a utilização de termos como "treinamento", "reciclagem", "capacitação" pelos gestores de políticas de formação de educadores(as) ao se referirem a eventos de formação, termos que sabemos trazer em seu bojo uma conotação de amálgama, sobreposição de informações teóricas pretensamente autoaplicáveis à prática. No Capítulo III, buscaremos aprofundar esse tema.

Nesse particular aspecto, é importante proceder a uma reflexão sobre programas de formação contínua de docentes que, de maneira geral, desconsideram essa peculiaridade, tornando compulsória a participação de professores(as) em eventos formativos, em ações de formação que, por vezes, não dizem respeito diretamente aos interesses, motivações e necessidades de seus reais destinatários.

As imagens que professores(as) de educação infantil carregam também merecem destaque aqui. Babá ou professora? Imagens internas e externas entrecruzam-se nessa construção identitária. Famílias, professores(as) de educação infantil, funcionários(as) em geral e gestores(as) de creches e pré-escolas, por vezes, apresentam ainda dificuldades em assumir, na prática, a função e o caráter educacional das instituições de educação infantil.

1. Em busca das identidades profissionais de professores(as) de educação infantil

Consideramos que um elemento fundamental explicitado pelos autores no que diz respeito ao desenvolvimento profissional e às identidades profissionais de educadoras de crianças pequenas é o lugar da afetividade, dos contextos e do apoio na sustentação de processos reflexivos e de mudanças que, no caso da educação, são, via de regra, paradigmáticos. Sabemos da importância das manifestações de apreço e de aprovação de nossas ações por parte de outras pessoas. Sentir-se apoiado, incentivado nos desafios que a vida apresenta, num cenário de aceitação e confiança, faz muita diferença nas relações humanas; por consequência, expressões, gestos de empatia e de solidariedade profissional contribuem sobremaneira nos processos identitários (pessoais e profissionais).

A formação de professores(as) ocorre em contextos específicos e em condições determinadas. Pensar a educação de crianças pequenas envolve não só considerar a travessia dos(as) profissionais de creches para a área da educação e o processo de profissionalização docente levado a efeito pelas instituições formadoras sem descaracterizar as histórias, as experiências até então existentes de educação e cuidados, mas também buscar a superação dos assistencialismos e objetivar a garantia dos direitos da infância, assim como dos(as) educadores(as).

Na tentativa de compreender o caminho de construção de identidades profissionais de professores(as) de educação infantil em instituições de educação infantil, em creches e pré-escolas, e dimensionar suas nuanças neste estudo, trabalhamos com narrativas de educadoras e de estagiárias, o que possibilitou apreender suas histórias de vida, ressaltando as experiências, as práticas profissionais e os contextos vividos. As narrativas foram tomadas como informações-chave do sujeito que cada colaboradora era, do sentido que cada uma atribuía a si, o que oferece elementos para uma análise da interseção entre as histórias de vida de cada uma e as histórias sociais, servindo para explicar as escolhas e opções feitas ao longo da vida (Goodson, 1995).

No exercício profissional, os(as) professores(as), em geral, e os(as) professores(as) de educação infantil, em particular, percorrem trajetórias correspondentes a momentos marcadores de etapas que significam processos de desenvolvimento. Tendo em vista essas trajetórias, Oliveira-Formosinho (1998b), fundamentada em estudos de vários autores sobre o desenvolvimento profissional de educadoras de infância, sintetiza os estágios de desenvolvimento da carreira, afirmando que este vai da fase da *sobrevivência* (que demanda apoio e assistência ao trabalho), passa pela *consolidação* (assistência ao trabalho, acesso a especialistas e existência de pares consultores) e pela *renovação* (processo em que a educadora tem a iniciativa de autoformação, participando de eventos e atividades que contribuam para o aperfeiçoamento profissional), até atingir a *maturidade* (com participação mais ativa em eventos e atividades que representem um alimento contínuo para sua formação profissional). Ressalta que esses estudos apontam a necessidade de alargamento progressivo do campo ecológico da educadora, o que naturalmente requer dos formadores uma pedagogia diferenciada.

A autora acentua, em seus estudos, que a diversidade, traduzida em complexidade, é a característica marcante da educação da infância e constata a necessidade de paradigmas inclusivos de desenvolvimento profissional nessa área, advertindo que os programas de desenvolvimento profissional dos(as) professores(as) trazem dicotomias, dilemas e tensões.

Oliveira-Formosinho ainda aponta as marcas mais significativas das vozes de educadoras que se põem corajosamente à procura de identidade e autoestima, em um ciclo integrado de vida profissional desenvolvido, ao longo da existência, pelo crescimento, pelas vivências de integração e pelo empenho pessoal e sentido da responsabilidade, da teoria e prática, do conhecimento e paixão. Esses movimentos e ritmos apresentam paralelismos com o crescimento observado nas crianças e as consequências positivas para os(as) professores(as). A autora reconhece que o desenvolvimento profissional é um processo complexo da pessoa em seus contextos de vida, o qual envolve partilha, apoio e construção de identidades por meio das comunidades de aprendizagem, manifestada na forma de *obras* locais e identitárias.

Sarmento (2002), ancorada em autores que investigaram as fases de desenvolvimento dos adultos, as fases de desenvolvimento dos(as) professores(as), os estágios de desenvolvimento de educadoras de infância e os estágios de desenvolvimento profissional desses(as) professores(as), conclui que, embora com diferentes estruturações, se verifica entre os autores estudados um mesmo sequenciamento, em que a um período de grande insegurança e incertezas se segue outro, bastante longo, no qual se consolidam a segurança e a maturidade profissional. Os períodos de desenvolvimento de adultos correspondem aos períodos de desenvolvimento profissional, o que vem expressar a importância dos fatores pessoais nesse processo. Outra observação importante feita por Sarmento (2002) refere-se aos saberes profissionais como um processo de construção interativo, com elementos constitutivos de três sistemas: o conhecimento, o ser e o fazer, numa perspectiva de que o(a) profissional assume o protagonismo na (re)construção desses saberes. Ela associa, ainda, o desenvolvimento profissional a uma maneira específica do desenvolvimento de adultos.

Oliveira-Formosinho e Sarmento parecem admitir que cada fase não é estanque em si, mas em cada uma delas podem-se verificar características que idealmente fariam parte de outra, considerada a complexidade do desenvolvimento profissional de professores(as), o que implica o envolvimento de mudanças da própria pessoa e do sistema educativo. A relação sujeito-profissão fica assim explicitada, seja na formação entendida na perspectiva de aprendizagem ao longo da vida, seja na relevância dos diferentes momentos de formação profissional.

Na pesquisa que realizamos, além do uso de narrativas, a participação em encontros conjuntos com estagiárias e educadoras das instituições de educação infantil, colaboradoras na Pesquisa/Formação, contribuiu para entender a formação como processo contínuo, que não se inicia nem termina na formação universitária, constituindo um *continuum* formativo para as estudantes/estagiárias que estão se inserindo no mundo do trabalho profissional nessa área e para as profissionais já atuantes. Essa ação reflexiva tem como suporte as diferentes formas de pensar, dizer, narrar e explicar o vivido por parte das colaboradoras da pesquisa, nas perspectivas relacional e biográfica, o que permitiu uma visão das experiências vividas, de mundo e das culturas profissionais produzidas.

Usaremos a expressão no plural – *identidades* de professores(as) de educação infantil – por entender que seus percursos são, ao mesmo tempo, pessoal e profissional/social e que eles(as) trilharam trajetórias históricas diferenciadas. É nesse contexto da área da educação infantil que

Outras iniciativas governamentais vieram sinalizar perspectivas políticas para a educação infantil. Entre elas, salientamos: a Resolução do Conselho Nacional de Educação (CNE)/Câmara de Educação Básica (CBE) n. 1, de 1999, que instituiu as Diretrizes Curriculares Nacionais para a Educação Infantil, estabelecendo princípios, fundamentos e procedimentos para esse nível de atendimento educacional no que se refere à organização, articulação, desenvolvimento e avaliação das propostas pedagógicas em creches e pré-escolas; na sequência, guiando-se pela premência de orientações acerca da necessidade de apontar as bases para a formação de docentes e considerando a existência de profissionais leigos(as) em creches e a emergência de cursos profissionalizantes de responsabilidade de órgãos governamentais, a Resolução CNE/CEB n. 2, de 1999, apontou as Diretrizes Curriculares Nacionais para a Formação de Docentes da Educação Infantil e Séries Iniciais do Ensino Fundamental em nível médio, na modalidade normal. A partir da década de 1990, o Ministério da Educação vem empreendendo ações que objetivam a formação dos profissionais da educação infantil, com publicações contínuas para a área. No caso do tema em estudo, destacamos a publicação *Por uma política de formação do profissional de educação infantil.*

vamos emoldurar o quadro desses(as) profissionais da educação.

No Brasil, é na Constituição Federal de 1988 (CF/88) que, pela primeira vez, aparece a expressão educação infantil, contemplando as instituições creches e pré-escolas, e se determina que o campo de atuação dessas duas instituições deve vincular-se aos sistemas de ensino. Tal deliberação legal representa um marco nas políticas públicas para a infância brasileira, ao tratar crianças pequenas como sujeitos de direitos e não como alvo de políticas fragmentadas e compensatórias.

Outras leis posteriores reforçaram essa decisão política, entre as quais destacamos o Estatuto da Criança e do Adolescente (Lei Federal 8.069/90), que, baseado na "Doutrina da Proteção Integral", buscou garantir e proteger direitos para crianças e adolescentes previstos na CF/88, e a Lei de Diretrizes e Bases da Educação Nacional 9.394/96, que também reforçou e ampliou essa perspectiva, ao tratar a educação infantil como primeira etapa da educação básica e o Fundo de Manutenção e Desenvolvimento da Educação Básica e de Valorização dos Profissionais da Educação (Fundeb).

Lei Federal n. 11.494/07 – que ampliou a subvinculação de recursos para educação infantil, antes não inclusa no Fundeb – Lei Federal n. 9.424/96).

A partir de então, questiona-se o perfil de professor(a) mais adequado para a especificidade da educação infantil.

Quem seria o(a) profissional apto(a) para atender à multiplicidade e à complexidade de situações presentes nesses ambientes institucionais, acompanhando as alterações que vêm ocorrendo na formação de professores(as) em geral, na função social da educação infantil em uma sociedade de mudanças rápidas como a atual, e capaz de fazer frente à criança real de hoje? Alguns riscos estariam implicados na resposta a esse questionamento, dentre os quais destacamos: a predominância do instrucional sobre o educativo; a educação infantil de caráter preparatório organizada de forma descontínua com relação aos níveis subsequentes da educação básica; a concepção de criança como um vir a ser, um miniadulto a ser escolarizado, negando, por vezes, a criança existente hoje, com necessidades, interesses, potencialidades e formas específicas de cultura, desenvolvimento e aprendizagem.

Se há, de um lado, um histórico de profissional que desenvolve o trabalho com crianças pequenas em creches e que, em geral, não se profissionalizou – associado a contextos, em geral, assistenciais, baseados em referências higienistas e/ou "espontaneístas" de desenvolvimento e aprendizagem de crianças –, de outro, há, para a pré-escola, o modelo da antiga escola primária, com um(a) professor(a) mais preocupado(a) com aspectos da instrução do que da educação; que parece não dar conta de satisfazer plenamente as necessidades das crianças no contexto da infância atual; que prioriza, no trabalho com elas, uma perspectiva preparatória, de ênfase em aspectos da cognição, quase desconsiderando as outras dimensões presentes no processo. Em face da definição da formação universitária como um nível educacional desejável para tais profissionais, faz-se necessário enfrentar a significação dessa formação específica no campo da formação de professores(as) (guardadas as devidas proporções, em se tratando de educadores(as) de crianças pequenas).

> Trata-se de debate atual e polêmico na área de formação de professores(as) que envolve uma análise mais criteriosa e profunda. Neste livro, enfatizamos a importância da articulação entre teoria e prática perseguida ao longo do curso de Formação Universitária e assumida coletivamente no Projeto Pedagógico do curso, materializada nas relações interinstitucionais e colaborativas entre universidade e instituições de educação básica.

Nos debates atuais nessa área, parece haver um reconhecimento de que, em princípio, os cursos que formam professores(as) no Brasil, especialmente para a educação infantil, ainda se mostram academicistas, distantes das práticas requeridas para o trabalho com crianças pequenas. Ademais, ainda hoje, nesses cursos, pouco ou quase nada é estudado no que diz respeito à criança até 3 anos. Levando em conta as decorrências histórico-sociais da construção dos programas de creches e pré-escolas no Brasil, entendemos ser importante considerar como as culturas educacionais dessas instituições foram produzidas.

Por intermédio do processo reflexivo possibilitado pela Pesquisa/Formação, recurso metodológico utilizado no presente trabalho, buscamos compreender as culturas (de creche e pré-escola) especialmente no que diz respeito às relações entre teoria e prática, revelando as implicações dessas relações e observando eventuais continuidades e rupturas aí presentes, bem como as bases culturais que lhes dão sustentação e os valores predominantes.

Na pesquisa que realizamos, a dimensão do trabalho coletivo assume um papel central ao possibilitar a aproximação de educadoras das instituições-campo de estágio com as estagiárias em processos reflexivos comuns, contribuindo para transformações nos contextos de trabalho por meio de uma dinâmica formativa e de construção identitária, o que sugere a necessidade de reinventar modalidades de socialização profissional. Essa reinvenção só será possível na ação, quando processos formativos constituírem processos de intervenção nas organizações de trabalho (Canário, 1997).

Procedendo à breve revisão da produção teórica sobre formação de educadores(as) de crianças pequenas, notamos que especialmente a Europa, onde essa formação ocorre em nível superior, tem sido palco de produções importantes nas últimas décadas. Em alguns países, como França, Itália e Espanha, as exigências são altas para o ingresso nos cursos de formação de professores(as) para atuação com crianças pequenas, o que acaba por conferir a esses cursos grande prestígio e valorização social. Observa-se um movimento crescente de pensar a formação para a infância, abolindo as especializações por faixas etárias; entretanto, não há consenso a respeito. Uma escola da infância compreendida como instituição que não hierarquiza nem segmenta saberes tem sido objeto de destaque em políticas públicas para esse segmento etário em várias partes do mundo.

Na Itália, entre outras iniciativas no atendimento institucional à criança pequena, a experiência da Reggio Emilia tem despontado como uma referência para a educação da infância e de profissionais para atuar nessa área. Tal região, em anos recentes, tem implementado políticas públicas integradas, voltadas para a infância e para a família e levadas a efeito por governos de base ou ideário socialista e/ou comunista. Na Reggio Emilia, o(a) professor(a) de educação infantil desenvolve uma atividade pública, com ênfase nas diferentes linguagens da criança, da escola, da comunidade e da cultura. Nessa região, a relação entre teoria e prática, enfatizada nos programas de apoio e desenvolvimento profissional de professores(as), está intimamente implicada nos objetivos e valores que se quer desenvolver com as crianças. Considera-se que o crescimento profissional ocorre, sobretudo, pelo esforço individual e se enriquece com o trabalho de gestão participativa e ativa, que envolve os pares, os especialistas e as famílias das crianças (Malaguzzi, 1999).

Também em outras regiões da Itália, especialmente o atendimento em creches para crianças até 3 anos apresenta-se como um espaço para formação de adultos (educadores(as) e famílias) e crianças. São requeridas assim habilidades do(a) educador(a) para o desempenho de papéis com múltiplos atores sociais, o domínio de estratégias de trabalho em grupos para atuar na cogestão institucional e com outros serviços locais para a infância, além das características de flexibilidade, escuta e observação das crianças: "uma profissão a ser inventada" (Mantovani; Perani, 1998).

Paniagua e Palácios (2007) consideram a existência de vários estilos de educador(a) da infância e relevam algumas qualidades desses(as) profissionais na relação com a criança, entre elas, a sensibilidade, a disponibilidade física e afetiva, as valorações positivas, a forma como a autoridade é exercida com as crianças individualmente e com o grupo, além do equilíbrio das atenções buscando a igualdade e a aceitação da diversidade da turma.

Em Portugal, coexistem várias orientações para o trabalho educativo com crianças pequenas nos jardins de infância até o ingresso na escola primária. As poucas creches existentes são de iniciativa de instituições assistenciais, em sua quase maioria mantidas pela Igreja Católica.

Em quais aspectos tais experiências nos auxiliam a olhar a realidade de educadoras de crianças pequenas no Brasil? Resguardadas as diferenças existentes entre aquelas sociedades e a nossa, a condição de direitos da população em geral e, especialmente, os direitos da infância e dos(as) educadores(as) que com elas atuam lá estão minimamente assegurados. A essa condição não nos alçamos ainda, embora algumas garantias nesse sentido comecem a existir no campo formal/legal.

No Brasil, observamos também várias formas de entendimento em torno de como devem ser formados(as) os(as) professores(as) de educação infantil para atuar com crianças pequenas em creches e pré-escolas, com perspectivas tributárias de duas histórias que não dialogavam entre si (pelo menos não oficialmente até a Constituição Federal de 1988): a história da assistência aos mais necessitados, com as creches, e a história da educação na forma de prevenção do fracasso escolar, de preparação para a escola obrigatória – as pré-escolas. É importante aqui perguntar como, no caso das creches, quando a assistência aos mais necessitados vai dar lugar a uma perspectiva de direitos (para todos).

Há vários estudos brasileiros sobre os(as) professores(as) de educação infantil. Para os propósitos desta obra, destacamos as contribuições de alguns autores.

Sobre a formação de profissionais leigos(as) de creches como educadores(as) reflexivos(as), Leite (1998) analisou uma experiência cujos resultados indicaram que a utilização de determinadas estratégias formativas foi fundamental na redefinição do papel das educadoras e na possibilidade de serem autoras de suas práticas e tornarem-se profissionais reflexivas.

As estratégias utilizadas objetivaram criar situações de tematização da prática pedagógica e envolveram a análise dos registros diários elaborados pelas educadoras; a observação em sala, seguida de supervisão; a sistematização das orientações pedagógicas próprias ou de outras educadoras filmadas em vídeo; a observação de colegas mais experientes e a troca de experiências com elas; a organização do tempo, do espaço e de materiais pedagógicos necessários ao trabalho; a parceria com instituições culturais, bem como a formação dos coordenadores pedagógicos e a criação de mecanismos de acompanhamento das práticas.

Angotti (1998), em análise sobre a atuação inicial de professoras de pré-escola, indica três momentos diferenciados (*antes*: na explicitação das expectativas em relação ao fazer; *durante*: o momento da efetivação da prática pedagógica docente; *depois*: o momento da revisão sobre o fazer realizado). Esse estudo identificou, com base no acompanhamento de nove professoras de uma mesma instituição, elementos determinantes na construção dos esquemas práticos de ação docente.

Os resultados da investigação sinalizam a necessidade de redimensionar o papel do conhecimento, no trabalho docente pré-escolar, como condição fundamental para a definição da profissionalidade e do desenvolvimento profissional na educação infantil.

Dias (1997), em pesquisa acerca dos saberes essenciais ao(à) educador(a) da primeira infância, abordando o que denominou "protagonistas da educação infantil", ressalta que tal profissional deve apropriar-se de profundo conhecimento de si próprio(a) e da criança, dominar conhecimentos culturais e científicos, produzir uma visão crítica e política da realidade, gostar da criança e compreender sua forma lúdica e criativa de conhecer, além de desenvolver as capacidades de observação e reflexão, de articulação criativa e dinâmica entre teoria e prática e de trabalho em equipe.

Campos (1999a), ao analisar modelos de formação de professores(as) de educação infantil em sociedades europeias, destaca o modelo inglês, que tem maior ênfase na prática, a exemplo do artesão que aprende fazendo. O modelo adotado pelos países da Comunidade Econômica Europeia situados no norte do continente também dedica maior tempo à formação prática. Já o dos países do sul dispensa maior tempo à formação teórica. A Espanha apresenta-se como o país que dedica menor tempo à formação prática, sendo o Brasil herdeiro dessa tradição. A autora destaca outros aspectos a figurar na formação profissional, tais como a importância do ensino dos conteúdos, levando em conta o conhecimento já trazido pelos(as) estudantes e sua forma de aprender, além de considerar o nível de ensino no qual o curso de formação deve ser oferecido, a especialização por faixa etária da criança e a formação para o trabalho com pais e comunidade.

Ainda Campos (1994), em estudo anterior enfatiza o perfil de professores(as) de educação infantil segundo os objetivos que se pretende atingir com esse trabalho, julgando indispensável que a formação desses(as) profissionais seja integrada em diferentes níveis de complexidade e se faça uso dos saberes sobre o desenvolvimento de crianças adquiridos no saber fazer. Consideramos que articulá-los aos saberes teóricos é tarefa primordial no atual momento de integração entre creche, pré-escola e escola, na mira da construção do primeiro segmento da educação básica.

Kramer (2005), em estudo que objetivou compreender a especificidade dos(as) profissionais de educação infantil nos aspectos da gestão e formação nos municípios do Rio de Janeiro, assinala a importância das interações entre professores(as) em proveito da construção de identidades menos oprimidas no interior das instituições. Constata ainda a condição de professor tutelado por programas de formação descontínuos e esporádicos e de uma concepção de gestão fragmentada e com forte tendência centralizadora na cultura da escola e do sistema educacional. Apresenta como conclusão o entendimento de que a formação de profissionais de educação infantil é condição para a democratização da educação infantil no Brasil.

Silva (2008) compreende que as qualidades da prática profissional de professores(as) de educação infantil em função do que requer o trabalho educativo (a profissionalidade) estão diretamente associadas à conquista dos direitos das crianças nas últimas décadas no Brasil, representando a base para sua compreensão.

Ações integradas entre as áreas de assistência social, saúde e educação e a interação dos serviços seriam bem-vindas se abrigassem uma concepção global da criança como um ser social, cultural e possuidor de direitos e, sobretudo, se na relação adulto-criança prevalecesse atitude de confiança (Falk, 2004).

Buscar relações interinstitucionais em creches, pré-escolas e séries iniciais do ensino fundamental parece ser grande meta a ser alcançada, tendo em vista a construção de Pedagogia(s) da Infância e entendendo a criança em sua globalidade, como um ser da/na cultura, com a compreensão de que ela não deixa de ser criança ao ingressar no ensino fundamental (obrigatório) como "aluno" – desafio esse traduzido no ensino fundamental de nove anos. Sacristán (2005), ao indicar a trajetória seguida pelas crianças pequenas para se transformarem em escolares sob o olhar vigilante e controlador dos adultos/educadores(as), nos alerta para as tendências dominantes do pensamento que sacralizam os conteúdos do ensino como finalidade máxima da educação, advertindo-nos de que a qualidade da educação implica olhar e se dirigir para a criança como sujeito, aprendiz e cidadão.

Em nossa realidade, a educação infantil, qualificada como primeiro degrau da educação básica, sugere desafios a ser enfrentados pelas instituições. Talvez o maior seja a compreensão do educar, do ensinar e do aprender, desenvolvidos com base em um olhar "estranhado", porque não habituado às relações institucionais cotidianas seja em creche, pré-escola ou escola.

> Cf. Lei Federal n. 11.114/05 e n. 11.274/06 e Pareceres do CNE/CEB n. 6/2005 e n. 18/2005.

Acreditar que professores(as) de educação infantil sejam capazes de exercer a autonomia de seu processo formativo pressupõe mudanças conceituais e de condições objetivas de trabalho com todas as instituições e segmentos diretamente envolvidos: com a universidade, trazendo e levando questões práticas para a investigação teórica e as teorias, por sua vez, encontrando suas raízes nas práticas, e com as políticas governamentais, no reconhecimento do papel social dos(as) profissionais da educação, especialmente de professores(as) que atuam em creches e pré-escolas.

Concordamos com Kramer, ao afirmar que:

> *Que saibamos implementar políticas públicas de formação sem tornar os professores escravos de métodos, documentos legais ou receituários pedagógicos, contribuindo para a sua profissionalização com ganhos em termos*

> *de planos de carreira e salários. Que saibamos atuar numa perspectiva de formação cultural, assumindo a responsabilidade social que temos perante gerações de crianças, jovens e adultos, que, neste país, têm sido sistematicamente expropriados de seus direitos elementares (Kramer, 2005, p. 226).*

Sobre a aprendizagem profissional de professores(as) de educação infantil, por meio de estágios curriculares, Ostetto (2001, p. 70) assinala que "encontro" é a palavra-chave que "gera um núcleo ao redor do qual se vão tecendo sentidos e significados do estágio na formação de educadores", mas que há também desencontros, desafios, contradições, embate de posições teóricas e políticas em estreita relação das universidades com as escolas de educação básica.

O que diferencia os(as) professores(as) de educação infantil dos(as) demais educadores(as)? Parece-nos que essa diferença caracteriza-se pela especificidade da faixa etária das crianças, pela vulnerabilidade da infância, por sua forma global de apreender o mundo e, consequentemente, produzir conhecimentos (Oliveira-Formosinho, 2002). Ser um(a) profissional capaz de promover múltiplas interações envolve o acolhimento e a ideia de pertença grupal, a dimensão afetiva, o respeito às necessidades e interesses da criança, aos seus padrões culturais, captando-os para os propósitos do trabalho desenvolvido, a ampliação permanente de seu universo sociocultural, novo dimensionamento para o educar, para o ensinar e o aprender, a permanente reflexão sobre os propósitos que guiam suas práticas, as concepções que dão suporte às ações e, não menos importante, o estímulo à construção de um processo de identidade profissional que possa conduzi-la a olhar o próprio percurso formativo em uma perspectiva de desenvolvimento profissional.

A par dessas qualificações profissionais, faz-se importante para esse(a) profissional compreender as tensões presentes nas políticas públicas para a infância no atual período de concretização/negociação dos direitos para o segmento etário até 6 anos conquistados no âmbito legal. A formação de profissionais para a educação infantil vai requerer ainda mais atenção da parte dos(as) gestores(as) dos sistemas de ensino, das instituições formadoras e dos(as) próprios(as) professores(as).

Além dessas características, apontamos outras como importantes na formação de professores(as) para qualquer segmento etário: o empenho, o envolvimento e a relação de confiança estabelecidos com as crianças; a necessária formação ética aliada à responsabilidade social de ser formador e cidadão em um mundo complexo como o atual; a capacidade de rever continuamente seu papel na escola e na sociedade, como agente de transmissão e de transformação cultural. "Trata-se de desobjetificar e de humanizar o ser humano que vai para a escola" (Fernandes, 1987, p. 28). De modo especial, seria fundamental que esse(a) professor(a) exercesse papel ativo na construção coletiva do trabalho com os pares, com as famílias das crianças e a equipe da unidade educacional, com a cultura local, além de ter o domínio de saberes culturais e científicos e saber articular a teoria e a prática (entre outros qualificativos).

Reflexão, processo criativo e compartilhado de construção de conhecimentos, mobilização dos saberes da experiência: parecem ser essas as condições básicas a figurar na formação dessas educadoras, de modo que aprendam a reconhecer-se, admitir-se, construir autonomia de pensamento, emancipar-se e protagonizar suas práticas, construir autoria dos atos de educar, de ensinar e de aprender. Além disso, é necessário terem garantido o acesso ao que é considerado elementar em termos de conhecimento para a efetivação do ensino, a educação básica.

Para que um(a) professor(a) organize um trabalho educativo fundamentado em processos culturais, de desenvolvimento e aprendizagem adequados às crianças pequenas, revela-se indispensável que ele(a) próprio(a) tenha acesso a espaços de aprendizagem, de reflexões e de pertença por meio de uma postura contínua de aprendiz, que resultará, consequentemente, em modos análogos de ver-se em determinada cultura, de desenvolver-se, de ensinar e de aprender.

> Embora a LDB n. 9.394/96 trate da obrigatoriedade da formação em nível superior para todos(as) os(as) professores(as) da educação básica, admitindo a formação em nível médio (Normal), muitas creches de responsabilidade de instituições assistenciais ainda mantêm em seus quadros profissionais leigos(as) que não concluíram o nível de estudos considerado básico no Brasil (o ensino médio).

Em um momento em que a educação infantil se firma como porta de entrada da educação básica, direito da criança e opção da família, ações que promovam a socialização profissional de professores(as) de educação infantil podem colaborar para o avanço de conquistas duramente alicerçadas no âmbito legal, sobretudo quando se levam em conta pesquisas que apontam um quadro de insuficiências na formação inicial e contínua de profissionais de creche.

Entendemos formação como ação que dá forma, que se traduz na construção de processos de identidades profissionais. Neste estudo, tal dinamismo é conduzido por meio de ações de formação das estudantes (formação universitária) e dos(as) professores(as) das instituições de educação infantil (formação contínua).

A apreensão da identidade da área da educação infantil mediante a revelação das histórias pessoais e profissionais de professores(as) que atuam em creches e pré-escolas está para ser realizada, uma vez que, conforme já assinalamos, as duas instituições se originam de demandas que seguiram percursos diferentes em seus processos de efetivação e o diálogo entre elas ainda ensaia os primeiros passos.

A presente obra poderá contribuir nessa direção ao esboçar os caminhos de construção das identidades profissionais de professores(as) de educação infantil no âmbito da educação de adultos, considerando que os processos formativos ocorrem num conjunto de espaços sociais e culturais em que as experiências de vida se entrecruzam com os percursos pessoal e profissional. Nóvoa (2002) assinala que o formador forma a si próprio (na reflexão sobre seus percursos pessoais e profissionais: *autoformação*), se forma na relação com os outros, numa aprendizagem conjunta que apela à consciência, aos sentimentos e às emoções (*ecoformação*), e se forma por meio das coisas (saberes, técnicas, cultura, artes, tecnologia) e de sua compreensão crítica (*heteroformação*). Nessa perspectiva, trazer o sujeito ao centro da cena, contextualizado no mundo da vida, no mundo do trabalho e nos ambientes profissionais, apresenta-se, ao mesmo tempo, como uma maneira de apreender/aprender e configura-se, consequentemente, como uma ação de formação e de pesquisa.

Para esta análise, procuraremos aproximar-nos de estudos sobre saberes, socialização profissional e formação docente, mesmo considerando que a profissionalidade dos(as) professores(as) de educação infantil guarda diferenças em seus contextos de construção, se comparada à de professores(as) de outros níveis e modalidades educacionais, e que esse debate se está iniciando nessa área.

A formação universitária constitui parte importante da trajetória desse(a) profissional. Trata-se do momento de contato com o campo profissional, do debate teórico da área aliado ao conhecimento institucional, do exame e da problematização das práticas desenvolvidas na instituição, o que representa uma etapa formativa essencial.

Nesse contexto, o estágio revela-se uma das possibilidades de reflexão sobre teoria e prática e de ação profissional qualificada na área da educação infantil. Ocupar-nos-emos, a seguir, da reflexão sobre essa mediação nos cursos de formação de professores(as) de educação infantil, apresentando uma alternativa de formação universitária, em diálogo com a formação contínua de professores(as) que atuam em creches e pré-escolas em serviço.

1.1. Os saberes docentes e a socialização profissional

Os estudos nacionais e internacionais sobre os saberes docentes expressam uma diversidade conceitual e metodológica com filiações de tendências e correntes variadas, por vezes antagônicas. Nas décadas de 1980 e 1990, o movimento de profissionalização do ensino ganhou relevância nos meios educacionais, afirmando-se que ao(à) professor(a) caberia dominar um repertório de conhecimentos profissionais que o(a) habilitasse a ensinar. Gauthier (1998), que teceu críticas às pesquisas norte-americanas sobre a natureza do conhecimento-base do(a) professor(a), apresenta três paradigmas emergentes nas pesquisas sobre

> Para maior aprofundamento, sugerimos a leitura da edição especial da revista *Educação & Sociedade*, ano XXII, n. 74, abr. 2001 (dossiê temático: *Os saberes dos docentes e sua formação*), e, entre os autores que tratam do assunto, as obras de Maurice Tardif e Claude Lessard, que tomamos como referência para a abordagem desse tema e estão relacionadas nas Referências.

o ensino: o *enfoque processo-produto* (o(a) professor(a) como gestor(a) de comportamentos realizáveis); o *enfoque cognitivista* (estudos sobre o pensamento do(a) professor(a)); o *enfoque interacionista-subjetivista* (com destaque para a etnometodologia, a etnografia escolar, a sociolinguística e a perspectiva ecológica). Esse autor ainda adverte que pesquisas de campo são raras nesses estudos, o que indica alto grau de abstracionismo, pois é recorrente a distância existente entre as conclusões das pesquisas e o cotidiano das escolas e dos(as) professores(as).

As reformas educacionais da década de 1990 no Brasil estabeleceram a formação de professores(as) como item importante na agenda das políticas públicas em educação, fazendo emergir questões que se filiam a algumas dessas tendências demarcadas por Gauthier, entre as quais o reconhecimento de que a atividade docente requer saberes específicos inerentes a seu próprio trabalho e a consideração da prática profissional como uma condição de formação e de produção de saberes e de competências específicas.

Nessa linha de análise, delineou-se uma perspectiva de desenvolvimento profissional como processo que ocorre ao longo da vida e da carreira, sobressaindo dimensões como: o reconhecimento da importância do(a) professor(a) no processo educativo; as críticas ao modelo da racionalidade técnica e a abordagem crítico-reflexiva como uma possibilidade de desenvolvimento profissional; a compreensão da cultura docente e seu papel na transformação da escola; o entendimento dos(as) professores(as) como gestores(as) de dilemas e sujeitos de um fazer e um saber, sendo consideradas as condições de trabalho, os valores e o contexto social. Assim, a questão-chave das pesquisas sobre formação docente passou a ser *quem são e como trabalham os(as) professores(as)*: sujeitos de um saber/fazer/pensar uma práxis reflexiva em contraposição à racionalidade técnica (Dias da Silva, 1998), profissionais sujeitos(as) às contradições do ambiente profissional próprias da condição das escolas brasileiras.

Algumas investigações também se ocuparam de fazer a crítica da quase transposição de estudos estrangeiros sobre esse tema e a repercussão dessas pesquisas entre nós, por desconsiderarem os contextos e a realidade educacional brasileira em que esses saberes são produzidos.

A análise das práticas profissionais, no presente estudo, tem o propósito de apresentar-se como possibilidade de filtração dos saberes teóricos com sujeitos em ação, em condições concretas de exercício profissional.

Por longo tempo, considerou-se que a escola era exclusivamente uma agência de transmissão de saberes elaborados. Ao(À) professor(a), caberia adequá-los ao processo de ensino-aprendizagem. Hoje se questiona esse caráter único da transmissão de saberes pela escola.

Cabe-nos assinalar que tal modelo de professor(a) e de ensinar nega a subjetividade desse(a) profissional como agente no processo educativo, como um(a) profissional que lida constantemente com a diversidade e a complexidade da sociedade, do cotidiano institucional e dos sujeitos envolvidos. Nega também o fato de que o(a) professor(a), ao transmitir conhecimentos, os cria e os recria, e esse processo ocorre entre sujeitos reais em uma instituição complexa que é a escola e/ou instituição educacional.

Os saberes escolares são conhecimentos com lógica própria, parte de um sistema que pode ser objeto de estudo científico por meio de uma epistemologia específica (Chervel, 1990). O contexto social e econômico, a cultura escolar e/ou institucional e os embaraços advindos da prática também são fatores importantes a ser considerados a fim de entender os saberes docentes não como uma soma de informações, mas, antes, como a capacidade dos(as) professores(as) de lidar com elas, transformando-as. Isso evidencia a necessidade de analisar os processos de profissionalização numa tentativa de explicitar esses saberes, o que contribui para realçar e sustentar processos de identidade e autonomia profissionais.

De fundamental importância para o momento que atravessamos na Educação – em que os(as) professores(as) são constantemente solicitados(as) a transitar entre várias polaridades: padronização e diferenciação, localidade e globalidade, integração e especialização, autonomia e dependência – é o fomento de culturas de colaboração entre os(as) educadores(as), de maneira que exercitem a aprendizagem uns(umas) com os(as) outros(as) e troquem experiências, eventualmente invertendo papéis, a fim de porem-se no lugar do(a) outro(a), admitirem os limites e as possibilidades para operarem mudanças, propondo alterações no modo como se trabalha nas escolas, sem receituários ou padronizações, o que não significa o "praticismo", mas antes de se entender as práticas como carregadas de teoria que necessitam ser decodificadas à luz da perspectiva da qualidade social da educação pública e de uma perspectiva de direitos.

Tardif (2005), em estudo sobre o trabalho docente como profissão de interações humanas, observa que os(as) professores(as): I) são intérpretes, "leitores de situações", do que acontece em sala de aula. Interpretam a atividade em andamento em função de imagens mentais ou de significações que lhes permitem dar um sentido ao que ocorre; II) impõem sentido, numa comunicação que envolve relações de poder assimétricas, de maneira que seus discursos sempre têm certa superioridade em relação aos discursos dos(as) alunos(as). Com efeito, ensinar não é apenas dizer alguma coisa, é também dizê-lo de certa maneira, em função dos códigos linguísticos e culturais, e essa comunicação é complexa: inúmeros jogos de linguagem sobressaem e mesclam-se continuamente. Tardif acentua que a experiência de trabalho docente cumpre uma função crítica que permite aos(às) professores(as) tomar distância em relação aos programas, às diretrizes oficiais, à formação universitária e aos conhecimentos formais. A experiência de trabalho, nesse sentido, é multidimensional e cobre diversos aspectos, não se reduzindo, portanto, à simples sobreposição linear de receitas e conhecimentos práticos adquiridos com o tempo. Nesse particular aspecto, é importante salientar que as atitudes dos(as) educadores repercutem diretamente nas ações das crianças. Atitudes receptivas e compreensivas por parte de educadoras de crianças pequenas favorecem a disposição das crianças a adaptar-se (Falk, 2004).

Em seus estudos, Canário (2006), na linha da socialização profissional de professores(as) e considerando os limites da instituição escolar, pela forma como é gestada e organizada – centrada em processos de consumo e de repetição de informação que excluem as lógicas da pesquisa e da descoberta –, advoga a necessidade da reinvenção da escola, enfatizando não ser possível aprender sem antes passar por um estado de confusão.

O papel fundamental da escola, para ele, não consiste em treinar as pessoas para dar respostas "certas", mas, sim, em auxiliar na formação de solucionadores de problemas em um quadro de crescente incerteza e imprevisibilidade. Dessa forma, os solucionadores de problemas precisariam adquirir capacidades de análise simbólica que apelem para modalidades de aprendizagem baseadas na experimentação: uma visão sistêmica que permita abarcar fenômenos complexos e o trabalho em equipe, recentralizando o trabalho do(a) professor(a) nas perguntas e em uma lógica de pesquisa que possa transitar de uma cultura de soluções para outra de problematizações, condição indispensável para a reinvenção da escola.

Entendemos, como Oliveira-Formosinho, que o objetivo primordial de processos formativos dessa natureza é a mudança das pessoas envolvidas, o que ocorre em torno de alguns domínios de situações:

> *Numa perspectiva de formação em contexto, ao contrário da formação inspirada no modelo escolar, as práticas formativas articulam-se com as situações de trabalho e os quotidianos profissionais, organizacionais e comunitários das escolas. A criação de ambientes formativos com caráter permanente é o seu horizonte, tendo em vista o desenvolvimento humano de todos quantos nele participam. Neste sentido, uma perspectiva de formação em contexto reclama de todos um papel ativo de construtores de saber e não de meros consumidores passivos de programas de formação e "créditos" correspondentes. Assim, os professores são considerados sujeitos e não objetos da formação. E, finalmente, se considerarmos que os processos de formação de professores têm implicações na vida das crianças, eles contêm uma dimensão ética que os profissionais que neles participam não podem declinar (Oliveira-Formosinho; Formosinho, 2001, p. 73).*

Assumimos a perspectiva dos saberes docentes como uma possibilidade de análise da formação e do desenvolvimento profissional do(a) professor(a), numa tentativa de provocar o confronto com as crenças e convicções subjacentes a suas práticas profissionais, ao fazer emergir as contradições do cotidiano para além de uma leitura ingênua e superficial da realidade, alçando um patamar diferenciado de desenvolvimento profissional e de construção de conhecimentos pedagógicos. Daí nossa opção por uma pesquisa a cujo processo fosse inerente a intervenção, um saber/fazer/pensar diferenciado, almejando contribuir para promover uma cultura de colaboração institucional. Concordamos com a análise de Dias da Silva sobre o desenvolvimento profissional do(a) professor(a), em seu esforço de procurar superar a concepção do algoz incompetente:

> *Nossos estudos nos últimos anos, envolvendo professores de 1º e 2º graus de escolas públicas do interior paulista, revelam que os mesmos olhos que podem ver um funcionário público com mordomias funcionais ou um profissional assoberbado de trabalho, com jornada de trabalho injusta e mal remunerado [...] são capazes de ver que o mesmo profissional que atua sob uma prática autoritária e elitista se ressente pelo fracasso dos alunos, se vê desesperançado e "sem saídas" [...]. Um profissional solitário, que não tem nenhum investimento em sua qualificação e sequer dispõe de tempo adicional para ela. Um profissional que, muitas vezes, está dando muito mais do que recebeu, pois também é fruto desse mesmo sistema de ensino [...]. E, dado fundamental, a maioria destes profissionais demonstra avidez por mudanças, porém desconhece propostas alternativas de trabalho (Dias da Silva, 1998, p. 37).*

A solidão de que por vezes um(a) professor(a) iniciante se ressente no ambiente institucional pode servir para desestimulá-lo(a) profissionalmente, favorecendo a adesão a modismos de forma acrítica. Observamos, especialmente em processos de supervisão de estágios nas escolas, grande tendência dos(as) professores(as) em homogeneizar as concepções e as práticas profissionais, o que termina por dificultar inovações.

Novamente Tardif (2000), em análise sobre os saberes profissionais relacionados aos conhecimentos universitários em cursos de formação de professores(as), aponta alguns problemas existentes nessa formação. Exemplo é o modelo aplicacionista, por não considerar a complexidade do pensamento humano, que não é autoaplicável, nem os filtros cognitivos, sociais e afetivos desenvolvidos pelos(as) estudantes ao longo de sua formação e que permanecem fortes e estáveis no decurso do tempo, podendo ocorrer que, ao término do processo formativo, suas crenças não tenham sido abaladas, mas sejam reatualizadas em contato com a prática. Para o autor, o saber profissional dos(as) professores(as) está no centro das reformas atuais e implica problemas ainda não resolvidos. Ele acentua que o que está em jogo é a identidade profissional tanto dos(as) professores(as) quanto dos(as) formadores(as) universitários(as). Por suas palavras:

> *A formação se torna contínua e não pode limitar-se a retomar os conteúdos e modalidades da formação inicial. De fato, a profissionalização do ensino exige um vínculo muito mais estreito entre a Formação Contínua e a profissão, baseando-se nas necessidades e situações vividas pelos práticos. Em última instância, os professores não são mais considerados alunos, mas parceiros e atores de sua própria formação, que eles vão definir em sua própria linguagem e em função de seus próprios objetivos. O formador universitário para de desempenhar o papel de "transmissor de conhecimentos" e torna-se um acompanhador de professores, alguém que os ajuda e os apoia em seus processos de formação ou de autoformação (Tardif, 2002, p. 292).*

Ver-se como parte de um coletivo de professores(as) é uma dimensão que merece ser destacada, assim como a importância que tem o outro nessas relações. Em outra ocasião, apontamos essa dimensão socializadora do trabalho educacional no "chão da escola":

> *Os professores necessitam comprovar que as situações concretas que enfrentam em seu cotidiano não estão longe daquelas situações vividas pelos seus parceiros de trabalho. As condições objetivas de vida e de trabalho, as competências e/ou incompetências de sua formação construídas e reconstruídas no exercício do ofício docente, fazem parte de uma teia social e humana. É preciso compreender essa teia, ressignificando esse contexto, juntando os esforços de uma categoria, sem, no entanto, perder o horizonte da luta e nem o real concreto em que estamos inseridos (Lima; Gomes, 2002, p. 181).*

Dubar (1997), referindo-se à problemática da socialização política definida por A. Percheron, extrai um conjunto de consequências de sua transposição para a socialização profissional: I) a socialização é um processo interativo e multidirecional, pressupondo uma transação entre o socializado e os socializadores; II) é o desenvolvimento de dada representação de mundo, de mundos especializados; III) é o produto das influências presentes ou passadas, dos múltiplos agentes de socialização; IV) é uma construção lenta e gradual de um código simbólico, com um sistema de referência e de avaliação do real; V) é, enfim, um processo de identificação, de construção de identidade (de pertença e de relação). "É assumir pessoalmente as atitudes do grupo que, sem nos apercebermos, guiam as nossas condutas" (Dubar, 1997, p. 31).

Nessa direção, Canário assume a relevância do coletivo e, portanto, da reinvenção da escola:

> *É neste sentido que cada escola constitui uma singularidade, por definição, contingente, construída pelos atores e em uma permanente interação com o contexto em que se insere. Fundamenta-se aqui a pertinência da construção de projetos educativos para a escola, bem como uma articulação permanente entre processos de mudança, atividades de pesquisa e dinâmicas de formação que permitam aos professores e às escolas aprender com a sua experiência (Canário, 2006, p. 92).*

As dificuldades manifestadas pelas participantes da pesquisa relacionadas à área da educação infantil e a ambiguidade de papéis inerentes ao exercício profissional de educação e cuidado de crianças pequenas em creches e pré-escolas reforçam a ideia de que o apoio a processos de trabalho coletivos e a reflexão permanente sobre as teorias subjacentes às práticas, aliada à problematização destas últimas, contribuem para romper com algumas práticas cristalizadas e minimizar constrangimentos advindos do cotidiano de trabalho institucional.

II

Formação contínua, estatuto da prática e estágio na formação de professores(as)

O aprendizado é como o horizonte, não há limites.
(Provérbio chinês)

A formação universitária para professores(as) de educação infantil é algo desejável e atende a antiga reivindicação dos movimentos de professores(as) e pesquisadores(as) que preconizam ser essa escolaridade a mais adequada para o(a) professor(a) qualquer que seja o nível educacional de sua atuação.

Interessa-nos aqui, porém, problematizar o tipo de formação universitária levado a efeito pelas instituições responsáveis e sua real contribuição na formação de quem vai atuar com crianças de até 5/6 anos em instituições de educação infantil. Apresentamos o estágio como uma atividade de aproximação com o campo profissional, por tratar-se de uma forma de inserção no mundo do trabalho e na área específica de atuação, de possibilidade de conexão entre a teoria estudada e a prática observada nas instituições que acolhem os(as) estagiários(as), configurando-se, assim, como um passo importante na construção das identidades profissionais.

Sabemos – pela literatura existente sobre o assunto, por recorrentes inventários produzidos entre estudantes e, ainda, pelo que a escola produziu em nós mesmos – que a instituição escolar *forma* o(a) estudante em muitos aspectos por meio das significações que ele(a) atribui a seu percurso formativo. No caso dos(as) profissionais da educação, essa matriz identitária construída na condição de estudantes pode representar uma pré-profissionalização que vai marcá-los(as) em suas futuras trajetórias profissionais. Diferentemente do que ocorre com o percurso do conhecimento em outras profissões, os(as) professores(as) – submetidos(as), sem exceção, à experiência escolar como estudantes – desenvolvem maneiras de construir relações com a escola que decerto podem servir para guiar atitudes e práticas profissionais.

Ao lado das características dos saberes profissionais, cumpre-nos esclarecer que, por Formação Inicial, entendemos os requisitos básicos para o exercício da profissão. No caso da educação infantil, a formação inicial exigida legalmente é o ensino superior, aceita a modalidade de nível médio. Utilizaremos a expressão "Formação Universitária" por entender que não se trata de formação inicial, e isso por duas razões: em primeiro lugar, porque o(a) estudante não está sendo iniciado(a) na educação ao adentrar no ensino superior, pois traz em sua experiência estudantil, construída desde o primeiro dia em que pisou em uma escola, marcas que muito contribuem para as significações e as produções de sentido do que é ser professor(a), o que, de fato, se aprende quando se aprende; em segundo lugar porque, em cursos superiores de educação, podemos encontrar pessoas que já passaram por curso de Magistério (nível médio), de maneira que não se configura, para elas, como formação inicial.

No que se refere à Formação Contínua, originalmente tal conceito advém daquele de educação permanente, surgido na Europa com a necessidade dos países do pós-guerra de superar os limites da educação formal. Entendida ainda como um processo ininterrupto de aprofundamento, diferentes nomenclaturas servem para designá-la.

De maneira geral, organiza-se na forma de cursos esporádicos de curta duração, propostos, via de regra, por equipes técnicas e de gestão administrativa e que se apresentam, muitas vezes, desvinculados das necessidades reais de formação dos agentes educacionais atuantes na escola.

A noção de Formação Contínua em muito influenciou os estudos sobre formação de professores(as) desenvolvidos nos anos 1990, traduzindo uma perspectiva de formação ao longo da vida. Buscar os elos constitutivos da relação entre Formação Universitária e Formação Contínua é uma das intenções desta obra, identificando os tempos de aprendizagem profissional, que poderão ser processados em um mesmo espaço (o tempo da Formação Universitária caminhando junto e dialogando com o tempo da Formação Contínua).

Sobre o conceito de Formação Contínua/Continuada, vários autores que desenvolveram estudos sobre a formação de professores(as) consideram não haver um consenso sobre os termos utilizados. Alarcão define Formação Continuada como "o processo dinâmico por meio do qual, ao longo do tempo, um profissional vai adequando sua formação às exigências de sua atividade profissional" (Alarcão, 1996, p. 100). Por outro lado, para Lima, Formação Contínua é "a articulação entre o trabalho docente, o conhecimento e o desenvolvimento profissional do professor, como possibilidade de postura reflexiva e dinamizada pela práxis" (Lima, 2001a, p. 30).

Identificamo-nos com a última definição, por entender que, mais que um ajuste interno do sujeito às exigências externas requeridas para o exercício de determinada atividade profissional, o que está em questão é a capacidade do profissional em produzir reflexão sobre suas práticas, podendo reconceituá-las ou transformá-las. Se entendemos que todo conhecimento é autoconhecimento, então toda formação é autoformação; ou seja, novamente temos aqui a perspectiva de dar forma/contorno aos projetos formativos individuais. Assim, concordamos com Nóvoa (2002) em sua afirmação de que "formar é formar-se" e de que o ofício de formador é mais do que fazer, do que ser: é tornar-se.

1. O saber fazer: onde e quando se aprende?

Observamos que, entre os(as) professores(as) recém-formados(as), ávidos(as) de viver experiências profissionais ao ingressarem em instituições educacionais, é comum ressoar o comentário de alguns colegas mais experientes acerca de que "na prática, a teoria é outra". Perguntamos: Haveria uma prática sem teoria? Consideramos que não. Longe de querer polarizar uma e outra, pretendemos aqui problematizá-las.

Sobre a formação prática, há quase uma unanimidade sobre esse tema, se considerarmos a produção teórica e a análise sobre o modo de organização dos cursos de formação de professores(as) em nível superior: a dimensão prática tem sido relegada a segundo plano no conjunto da formação geral desses(as) profissionais.

Alguns autores entendem que o tema da formação prática dos(as) professores(as) na universidade priorizou a teorização em detrimento das preocupações inerentes às práticas profissionais. Formosinho (2000); Tardif, Lessard e Gauthier (1999) ressaltam, em seus estudos, que a docência é essencialmente uma atividade de serviço, e o(a) professor(a), além de especialista em uma área do saber, é um(a) profissional de ajuda, um(a) agente de desenvolvimento humano, o que implica um desempenho intelectual, técnico, relacional e cívico, construído no compromisso com os outros.

Para esses autores, uma formação essencialmente teórica não dá conta de promover o alicerce no qual as instituições formadoras de professores(as) construirão condições para a efetivação de uma escola básica para todos. Citam como componentes da formação prática dos(as) professores(as) o desempenho do ofício de aluno(a), a prática docente de seus(suas) formadores(as) e a prática pedagógica como iniciação dos(as) estudantes na área profissional, com o desenvolvimento de competências práticas inerentes a uma atuação docente adequada e responsável. Da aprendizagem do ofício de estudante ao aprendizado do ofício de professor(a), caberia às instituições formadoras a análise dessa dupla aprendizagem e sua incorporação nos processos de Formação Universitária, a fim de reconstruir a imagem que os(as) estudantes já têm do ofício de professor(a).

Nóvoa (2011) assume a forte componente da prática na formação de professores(as), revelando que se aprende a ser professor(a) por meio de um processo de aprendizagem na profissão.

Formosinho (2000) assume a prática pedagógica como componente pleno de formação, intencional e profissionalizante, considerando o(a) estudante como futuro(a)/potencial profissional e os(as) professores(as) do curso como formadores(as) assumidos(as). Diferente é a condição academizante, em que apenas uma minoria se afirma como formador.

Há ainda, nessa perspectiva, a necessidade de estreita ligação dos propósitos e feitos da instituição formadora com os(as) professores(as) das instituições que recebem os(as) estagiários(as). No que concerne aos(às) professores(as) cooperantes, profissionais que recebem os(as) estudantes de formação universitária em suas salas e os(as) acompanham, orientando-os nas atividades de iniciação ao mundo da profissão docente, Formosinho acentua:

> *No processo academizante prevalecente, a interação dos professores cooperantes com a instituição de ensino superior é, frequentemente, restrita à interação com os professores de práticas. Os professores cooperantes, de um modo geral, não têm assento nos órgãos onde se define a política da escola nem participam (significativamente) nas (re)formulações curriculares; muitas vezes não têm assento no Conselho Pedagógico. Embora geralmente tenham preferência na admissão a certos cursos, é frequente não receberem outro tipo de benefícios acadêmicos ou profissionais da instituição de formação, como subsídio para frequência a congressos, incentivo para a apresentação de comunicações. Nalguns casos, a instituição não se preocupa com a sua formação específica para o desempenho da tarefa (Formosinho, 2000, p. 18).*

Conforme consta na Base Nacional Comum Curricular da Educação Básica (disponível em: https://www.gov.br/mec/pt-br/escola-em-tempo-integral/BNCC_EI_EF_110518_versaofinal.pdf) – também a Resolução CNE/CP n. 2 de 20 de dezembro de 2019 define Diretrizes Curriculares Nacionais para a Formação de Professores para a Educação Básica e institui a Base Nacional Comum para a Formação Inicial de Professores da Educação Básica (BNC-Formação) – (disponível em: http://portal.mec.gov.br/docman/dezembro-2019-pdf/135951-rcp002-19/file).

No Brasil, as orientações atuais do Ministério da Educação para a formação de professores(as) da escola básica também salientam a premência de articulação entre as instituições formadoras de ensino superior e as instituições escolares de educação básica.

Reconhecemos e enfatizamos a urgência da existência desse diálogo e da articulação institucional, porém sabemos da dificuldade em operacionalizar essa parceria, considerando que as instituições formadoras de nível superior estão ainda se debatendo mais em torno de questões internas do que externas a elas e que, na sua história, sempre ocuparam na hierarquia do saber um papel predominante, prescritivo e distanciado das escolas de educação básica. Da parte dessas instituições, a demanda por ações de formação contínua também traduz essa perspectiva, por tratar-se da maneira conhecida de formação. Parece-nos fazer necessário, então, a busca de alternativas que construam um diálogo profícuo entre as instituições de formação de professores(as) de nível superior e as escolas de educação básica, na condição de "comunidades aprendentes" (Canário, 1997).

Vale salientar que a maioria dos(as) professores(as) no Brasil é formada por instituições de nível superior (faculdades) privadas, com predominância das atividades de ensino e sem a obrigatoriedade de desenvolver pesquisa e extensão.

O saber fazer de uma profissão enriquece-se com a aprendizagem pela via da formação prática, no contato com a multiplicidade do real. No caso de uma profissão familiar a todos, como a profissão docente, esse saber fazer sofre grande influência do saber-fazer vivido, na condição de estudantes, ao longo do percurso formativo na escola.

2. O estágio curricular: passo decisivo na construção identitária de professores(as)

Vivemos, no mundo do trabalho, especialmente a partir dos anos 1990, um contexto de mudanças na reestruturação produtiva que implicou a precarização e a flexibilização das relações trabalhistas e a desregulamentação de algumas profissões. Semelhante conjuntura provoca, em decorrência, alterações na qualidade formativa dos estágios curriculares como possibilidade de inserção no campo profissional e como início da construção das identidades profissionais.

No atual contexto social, parece caber às instituições de ensino superior um papel fundamental no que se refere à dimensão prática da formação, articulada à sólida formação teórica, criando condições para a constituição de cidadãos e profissionais capazes de atuar em vários campos do saber, alicerçada em convicções humanas e comprometida com uma sociedade menos desigual, que ao mesmo tempo torna o(a) estudante corresponsável por sua própria formação e valorização profissional.

Nos vários campos do saber, tem sido comum a utilização do(a) estagiário(a) como substituição de mão de obra, por vezes até desenvolvendo tarefas completamente diferentes daquelas inerentes à sua área profissional. No âmbito da educação, tal situação tem-se revelado recorrente. Na educação infantil, em tempos recentes, observamos muitas Prefeituras, especialmente após o advento do Fundef, usar desse expediente para terem quadros regulares de professores(as) nas instituições educacionais. Em alguns casos, estagiários(as) substituem os(as) profissionais da educação em seus impedimentos, afastamentos e doenças, numa atitude de

Fundo de Manutenção do Ensino Fundamental e de Valorização do Magistério (Lei Federal n. 9.424/96), que na prática estimulou a municipalização das séries iniciais do ensino fundamental, trazendo consequências para a cobertura de atendimento na educação infantil. Os Planos Estaduais e Municipais de Educação, consequências da orientação maior, o PNE de 2014 (Lei Federal n. 13.005/2014), devem prever a formação de professores(as) para a educação infantil (etapa educacional de responsabilidade dos municípios), nos âmbitos de suas localidades. Destacamos ainda o Programa Institucional de Bolsa de Iniciação à Docência (Pibid) (disponível em: https://www.gov.br/capes/pt-br/acesso-a-informacao/acoes-e-programas/educacao-basica/pibid/pibid) e o Programa de Residência Pedagógica (PRP), ambos de responsabilidade da Coordenação de Aperfeiçoamento de Pessoal de Nível Superior (Capes) – (disponível em: https://www.gov.br/capes/pt-br/acesso-a-informacao/acoes-e-programas/educacao-basica/programas-encerrados/programa-residencia-pedagogica) – como políticas de indução do governo federal que visam aproximar as instituições de educação superior (cursos de Licenciatura) de escolas/instituições de educação básica, oportunizando o contato, ao mesmo tempo, com o campo profissional e com a unidade entre teoria e prática, ao longo da formação em nível superior dos(as) licenciandos(as).

clara desqualificação profissional e de desrespeito ao processo formativo, uma vez que não possuem estrutura interna para desenvolver sozinhos(as) essa função fundamental do estágio, que deveria compreender um processo de supervisão (acompanhamento e avaliação do estagiário de forma conjunta com a instituição formadora).

Ao lado dessa condição, historicamente, o estágio na formação de professores(as), via de regra, foi encarado pelas instituições formadoras como um "mal necessário", o momento em que o(a) estudante/aprendiz, sob "supervisão" de um ou mais professores(as), toma contato com a realidade presente nas escolas a fim de ser um(a) futuro(a) profissional da educação. Circunscritas ao âmbito da unidade educacional, poderiam ficar desviadas, assim, as determinações daquela realidade local e suas relações com a sociedade e o sistema educacional como um todo.

Observamos que os(as) estagiários(as) enfrentam a dificuldade de visualizar a escola e o ensino como um todo inserido em um sistema educacional. Nesse sentido, Pimenta e Lima (2004) apontam o período de estágio na formação de professores(as) como uma oportunidade de aprendizagem da profissão docente e de construção da identidade profissional, podendo o estagiário ali questionar-se, problematizando, acerca do sentido da profissão, o que significa ser professor(a) na sociedade atual, as contradições, valores, concepções e saberes em circulação no espaço institucional das escolas.

No cenário das perspectivas de formação baseadas na reflexão, o estágio entendido como ação de prática de ensino e/ou acesso à realidade educacional presente nas instituições de educação ou nos sistemas de ensino configura-se como uma atividade de relação entre teoria e prática e uma estratégia de trabalho coletivo em cursos de formação universitária.

Em nossa tradição de formação em nível superior, em que pesem as mudanças havidas nas Diretrizes Curriculares de Formação de Professores para a escola básica, os currículos organizam-se, de maneira geral, em áreas de fundamentos ou de conhecimentos básicos seguidos de conhecimentos técnicos, até que a ida a campo se materialize, ao final do curso, por meio do estágio. Constata-se, assim, uma maneira de polarizar a teoria e a prática, o pensar e o fazer, ou ainda uma teoria que, apreendida pelo(a) estudante, se aplicaria ao real, o qual sabemos ser complexo. A atividade teórica pode transformar nossa consciência dos fatos, nossas ideias sobre as coisas, mas não as próprias coisas. Já a atividade prática se concebe como ação efetiva do ser humano sobre o mundo, resultando em uma transformação real deste.

Analisar as relações entre teoria e prática supõe considerar a relação entre uma teoria já elaborada e uma prática ainda não existente (Vázquez, 1977). Temos, assim, condição de pensar o circuito prática/teoria/prática: partir de uma prática, buscar sustentações teóricas que não só a expliquem, mas também produzam elementos para sua superação, e com base nisso delinear alternativas para nova prática que, se for objeto de reflexão, possa ser transformada.

Vale salientar que o conhecimento é tarefa dos seres humanos e é historicamente datado, de modo que um dos desafios das universidades parece ser hoje o diálogo com o mundo e, no caso do estágio, o diálogo com o mundo do trabalho mediante sua análise crítica, considerando suas múltiplas determinações. Nessa perspectiva, a dimensão da não neutralidade na educação impõe-se. Sendo assim, o estágio é teoria e prática ao mesmo tempo, pois toda prática subentende uma teoria que a informa. Ao observar a prática de um(a) professor(a), invariavelmente diferente de um lugar para outro, por exemplo, o(a) estagiário(a) precisa ter condições de apreender a(s) teoria(s) que a sustenta(m) e poder realizar uma leitura pedagógica para além do senso comum, tendo como base teorias e fundamentos estudados e confrontados com as situações da prática profissional para a produção de alternativas e de novos conhecimentos.

Estamos referindo-nos à práxis, à capacidade de articular dialeticamente o saber teórico e o saber prático. Vázquez, ao tecer considerações sobre a práxis como algo essencialmente criador, argumenta:

> *O homem não vive num constante estado criador. Ele só cria por necessidade: cria para adaptar-se a novas situações ou para satisfazer novas necessidades. Repete, portanto, enquanto não se vê obrigado a criar. Contudo, criar é para ele a primeira e mais vital necessidade humana, porque só criando, transformando o mundo, o homem – como salientaram Hegel e Marx através de diferentes prismas filosóficos – faz um mundo humano e se faz a si mesmo. Assim, a atividade prática fundamental do homem tem um caráter criador (Vázquez, 1977, p. 248).*

O estágio, nesse caso, apresenta-se como atividade criadora e de pesquisa científica que se diferencia do senso comum, pois, ao inserir-se no campo de trabalho educacional, o(a) estagiário(a) precisará de método e de instrumentos para a apreensão daquele real multifacetado. Nas últimas orientações oficiais já mencionadas anteriormente, o estágio é definido como atividade educativa que deve ser assumida intencionalmente pela instituição formadora, além de ser integrante de seu fazer pedagógico.

A respeito dessas orientações oficiais, reconhecemos e enfatizamos a fundamental importância da formação prática em contextos socializadores, contudo perguntamos: Como equacionar e fazer valer tal determinação legal se as instituições formadoras, de maneira geral, trazem como herança um modelo de segmentação entre teoria e prática e não possuem tradição de construção coletiva e implementação de seus Projetos Pedagógicos por parte de seus(suas) profissionais da Educação? Consideramos que a corresponsabilidade do coletivo de professores(as) de uma unidade educacional, consubstanciada em um Projeto Pedagógico, com participação desde sua formulação até sua avaliação, é condição importante para a efetivação das mudanças requeridas, sob pena de resvalarmos em *maquiagens* para dar resposta ao cumprimento restrito da lei.

Alguns desafios podem ser antecipados: como produzir um Projeto Pedagógico que integre o estágio como um eixo articulador entre teoria e prática se os conhecimentos disciplinares, de maneira geral, não dialogam entre si? Se o desenvolvimento e a aprendizagem do(a) estudante têm sido tarefas quase exclusivas deste(a)? Se as condições de trabalho, sobretudo nas instituições de ensino superior privadas, não favorecem o fazer coletivo, pois os(as) professores(as) são contratados(as) para a realização de atividades ligadas ao ensino (entenda-se *dar aulas*)? Cabendo assinalar que a maioria dos(as) professores(as) no Brasil é formada em instituições privadas de ensino superior (Gatti; Barreto, 2009). Isso tudo sem considerar, ainda, a qualidade do ensino desenvolvido, que, em direção contrária às mudanças na sociedade, pouco se diferenciou daquele modelo de transmissão e memorização de conteúdos. Na essência, parece-nos que a escola, em sua dinâmica de organização, em seus tempos e rituais, pouco se alterou.

Gatti e Barreto (2009, p. 258), em estudo sobre a condição dos(as) professores(as) no Brasil, em especial, sobre os cursos de formação, asseveram:

> *Os currículos não se voltam para as questões ligadas ao campo da prática profissional, seus fundamentos metodológicos e formas de trabalhar em sala de aula. Continuam a privilegiar preponderantemente os conhecimentos da área disciplinar em detrimento dos conhecimentos pedagógicos propriamente ditos.*

Acentuando que:

> *Os estágios, que são obrigatórios, mostram-se fragilizados, constam nas propostas curriculares sem planejamento e sem vinculação clara com os sistemas escolares, e sem explicitar as formas de sua supervisão. Some-se a isso a constatação de que esses cursos, conforme informação dos próprios licenciandos, são feitos em grande parte à base de apostilas, resumos e cópias de trechos ou capítulos de livros, ficando evidente certo grau de precariedade nos conhecimentos oferecidos.*

Acerca da formação de professores(as) para a educação infantil, a enorme lacuna existente nos cursos de nível superior (Pedagogia), conforme afirmam as autoras:

> *Seguindo a tradição dos cursos de magistério de nível médio, os atuais cursos de Pedagogia costumam preparar concomitantemente o professor para*

> *atuar na educação infantil e no ensino fundamental. A suspeita é, que entendida, como em tempos passados, mais como uma complementação da formação do professor dos primeiros anos do ensino fundamental, a formação oferecida não esteja contemplando devidamente as especificidades da educação das crianças na pré-escola e nas creches (Gatti; Barreto, 2009, p. 258).*

E concluem que:

> *Dentro desse quadro, a formação de professores é considerada atividade de menor categoria e quem a ela se dedica é pouco valorizado. Decorre daí uma ordem hierárquica na academia universitária, as atividades de pesquisa e de pós-graduação possuem reconhecimento e ênfase, a dedicação ao ensino e à formação de professores supõe perda de prestígio acadêmico (Gatti; Barreto, 2009, p. 258-259).*

Ao adentrar o campo profissional pela porta do estágio, o(a) estudante tem a oportunidade de relacionar a significação social da profissão com a significação dada pelos(as) respectivos(as) profissionais, dispondo, nesse caso, de relevantes elementos para a construção da própria identidade profissional, por conta da possibilidade de dar sentido às suas aprendizagens.

Reafirmamos que, ao defendermos uma formação prática articulada a uma sólida formação teórica, não estamos fazendo apologia do “praticismo”, o que seria transformar os cursos universitários em cursos de natureza profissional. Ao contrário, por sabermos da existência das estruturas institucionais, do poder das concepções e da tradição do saber universitário, é que propomos necessária articulação e diálogo entre formação teórica e prática nos cursos de formação de professores(as), a fim de proporcionar ao(à) estudante – futuro(a) profissional da Educação – a leitura da realidade da área em que vai atuar e as contradições inerentes ao exercício profissional nela, em articulação e em diálogo com as teorias estudadas. São estas também as considerações de Ostetto (2000; 2008) ao desenvolver uma perspectiva de estágio na formação de professores(as) de educação infantil voltada às possibilidades de trabalho no cotidiano da educação infantil e as descobertas e encantamentos dos(as) estudantes, valorizando, entre outros aspectos, o registro e a reflexão da aprendizagem profissional, por meio da observação e descrição para a compreensão dos fenômenos estudados. A escrita, para Ostetto, seria a afirmação de autoria e de autoformação do(a) estudante.

3. A pesquisa dimensionando o ensino por meio do estágio

O curso de Pedagogia, desde meados da década de 1970 na instituição formadora em que desenvolvemos a pesquisa, buscou traduzir, em sua estrutura curricular, a preocupação com a formação de um(a) profissional reflexivo(a) e pesquisador(a). Todavia, o estágio, no início, caracterizava-se, como na maioria das instituições formadoras de professores(as), por *observação* (orientada pelo(a) professor(a) responsável pelo estágio e materializada na disciplina de Prática de Ensino), *participação* (orientada pelos(as) professores(as) da escola em que se estagiava) e *regência* (o momento em que o(a) estudante e o(a) estagiário(a) entravam em cena, "dando uma aula" orientada pelo(a) professor(a) responsável pelo estágio).

Presentes nessas atividades estavam, além da redução do ensino à sala de aula, a desconsideração dos contextos que produzem a escola, a dicotomia entre teoria e prática – sendo esta última portadora de ensinamentos – e a predominância de uma preocupação burocrática, manifestada no controle de horas e de registros das atividades de estágio.

Duas décadas foram necessárias para que, no interior do próprio curso, se desenhasse outra perspectiva de estágio curricular, como elemento estruturador da formação do(a) estudante, alicerçada em pressupostos sobre o que caracteriza o ensino universitário nas relações entre ensino e pesquisa, teoria e prática, tendo a sala de aula como objeto de estudo, não isolada das condições de sua produção, e a pesquisa como princípio educativo. Inicialmente, tal perspectiva era levada a efeito por alguns(mas) professores(as) de maneira isolada, e, ao fim da década de 1990, o curso de Pedagogia, ao rediscutir suas finalidades, passou a conceber o estágio como responsabilidade de todos(as) os(as) professores(as) envolvidos(as) em projetos coletivos, que se organizavam por séries do curso com temas articulados (Nakano; Ancassuerd, 2004). Essas iniciativas apresentaram, ao longo dos últimos anos, grande impacto nos(as) estudantes e no currículo do curso, tendo em vista a formação do(a) professor(a)/pesquisador(a).

O tempo de assimilação de propostas inovadoras parece não ser o tempo cronológico, nem para os(as) professores(as) nem para os(as) estudantes. Sacristán (1999), ao questionar como os conceitos se tornam práticas consolidadas, recupera o caráter social das práticas e da própria realidade vivenciada por meio da continuidade proporcionada pelo diálogo entre as ações presentes e passadas dos indivíduos. A prática, para esse autor, gera outras práticas, reprodutoras das regularidades nas quais foram geradas, requerendo, para isso, a sobrevivência de um passado ativo e reativado. Ele observa que, para a promoção de mudanças educacionais, se faz necessária a descoberta de sentido do que já existe e o desmascaramento do caráter histórico herdado do *habitus* e das *instituições* para devolver aos agentes a consciência de suas ações.

Consideramos que a instituição de ensino superior tem, assim, papel importante na formação desses(as) profissionais, ao identificar a representação social que fazem da profissão e ao criar condições para uma reflexão contínua acerca da qualidade de seu trabalho e do tipo de profissional que está sendo formado.

O projeto de estágio a que nos referimos, denominado "Conhecendo creches e pré-escolas: histórias e práticas", privilegiou a inserção do(a) estagiário(a) no ambiente educacional de instituições de educação infantil. De início, o(a) estagiário(a) realizava um levantamento histórico por meio de instrumentos de pesquisa, como análise de documentos e entrevistas com informantes-chave por ele(a) escolhidos, o que lhe facultava condições de situar-se naquele ambiente institucional e compreender as *culturas* ali presentes, reunindo elementos para o entendimento da função social das instituições de educação infantil na sociedade atual, contextualizada no cenário das políticas sociais e educacionais no mundo, no Brasil e em nível local. A organização e o funcionamento das instituições de educação infantil, a imagem de criança e as teorias subjacentes às práticas educativas e pedagógicas ali assumidas são aspectos que possibilitaram a compreensão dos acontecimentos daquele cotidiano institucional para além das explicações do senso comum sobre a forma de organização do que acontece na sala de referência dos grupos de crianças, nas relações construídas entre criança-criança, adulto-criança, adulto-adulto, educadores-famílias, passando pela compreensão do contexto da unidade educacional, do entorno local e das relações estabelecidas com o sistema educacional que dão suporte/orientação às ações educativas e pedagógicas.

As observações efetuadas em campo eram registradas em um diário, no qual os(as) estudantes descreviam os acontecimentos e análises úteis para entender os temas ali identificados. Uma fase de problematização desses temas se inicia em sala de aula, e o diálogo paralelo com referências indicadas pelos(as) professores(as) do curso possibilita traçar uma primeira interpretação deles. Ao problematizá-los, os(as) estudantes agrupam-se em torno dos temas para desenvolver um aprofundamento teórico na forma de um artigo científico, o que resulta posteriormente na elaboração e desenvolvimento de um miniprojeto de formação para os(as) educadores(as) de uma das instituições em que o grupo estagiou. Esse miniprojeto é apresentado e discutido com o conjunto dos(as) professores(as) da instituição como condição primeira para a realização dessa atividade, despertando a sensibilidade deles(as) para o tema "lido" pelo grupo de estagiárias, o que se configura como uma alternativa de Formação Contínua dos(as) educadores(as). De modo simultâneo, e com a orientação dos(as) professores(as) do curso, os grupos vão elaborando o relatório de estágio a ser entregue no final do período letivo.

Os temas desenvolvidos na forma de miniprojetos de formação destacam-se pela propriedade e pertinência, se relacionados aos temas estudados em aulas, e são reveladores de como o trabalho educativo e pedagógico se organiza em instituições de educação infantil, assim como da consequente imagem de criança e das políticas públicas para a infância e de formação dos(as) professores(as) subjacentes a esse trabalho.

Ao longo dos últimos anos, a dimensão lúdica do trabalho com crianças pequenas e o caráter intencional do trabalho pedagógico têm sido os temas mais recorrentes, revelando assim algumas necessidades de formação dos(as) profissionais que se ocupam com crianças pequenas nessas instituições.

Esta ação desenvolveu-se no âmbito da disciplina Organização do Trabalho Educativo e Pedagógico na Educação Infantil na habilitação em Educação Infantil do curso de Pedagogia.

Paralelamente às orientações de estágio e à ida a campo, desenvolvemos com todos(as) esses(as) estudantes o exercício do relato autobiográfico, de modo que pudessem recuperar, nas próprias memórias, elementos significativos de sua trajetória formativa que colaborassem para explicitar as razões da "escolha" profissional e dimensionar, para cada um(a), o que é ser professor(a) de educação infantil no contexto atual da sociedade e as condições pessoais e profissionais que concorreriam para isso.

O estágio fundamentado na pesquisa sobre a prática traz elementos significativos para dimensionar o próprio ensino. Sendo um caleidoscópio a ser enxergado pelo(a) estagiário(a) com os olhos curiosos de um investigador que tece elemento por elemento e busca as ferramentas mais adequadas para configurar o problema investigado e, consequentemente, sua solução, a prática contribui para implicar o(a) estagiário(a), responsabilizando-o(a) na condição de mestre e aprendiz. Ler a realidade observada em creches e pré-escolas, problematizá-la, perseguindo formas de reinventá-la, supõe mobilizar saberes não limitados aos apreendidos na Formação Universitária, mas também aqueles construídos e ressignificados em seu percurso formativo.

Assim o estágio, como a porta de entrada da identidade profissional na formação de professores(as) de educação infantil, impulsiona uma reflexão sobre a formação que ocorre ao longo da vida e da carreira profissional e possibilita o exercício da práxis criadora mediada pelo manejo de instrumentos de pesquisa, tornando-se, na universidade, importante elemento de ligação entre a teoria e a prática, entre a formação nesse nível de ensino e a Formação Contínua desenvolvida nas instituições de educação infantil que acolhem os estagiários.

A forma que escolhemos para dialogar com as instituições de educação infantil é tema que desenvolveremos a seguir.

III

A Pesquisa/Formação como possibilidade de desenvolvimento profissional

Nunca se pode saber de antemão de que são capazes as pessoas.
É preciso esperar, dar tempo ao tempo.
O tempo é quem manda,
o tempo é que está a jogar do outro lado da mesa
e tem na mão todas as cartas do baralho.
A nós, compete-nos inventar os encartes com a vida
(José Saramago, 1995, p. 166).

A metodologia utilizada, conformando-se como uma pesquisa de abordagem qualitativa, buscou coerência com o objetivo esperado, qual seja: identificar o processo de construção de identidades de professores(as) de educação infantil.

Segundo alguns autores, não existe uma investigação qualitativa, mas enfoques, cujas diferenças fundamentais vêm marcadas por opções feitas em cada um dos níveis (ontológico, epistemológico, metodológico e técnico). A adoção de uma ou outra alternativa, de todas as possíveis que se apresentam em cada nível, determinará o tipo de estudo qualitativo pretendido (Gómez; Flores;

Jiménez, 1999; Bogdan; Biklen, 1997; Lüdke; André, 1986; Denzin; Lincoln, 2000).

Identificamos a pesquisa como pesquisa-ação colaborativa, o que implicou adentrar a trama de produção das identidades profissionais em sua pluralidade, proporcionando uma cultura de análise das práticas passível de gerar mudanças tanto nas dimensões pessoal e profissional como no âmbito das instituições de educação infantil, além de uma troca de conhecimentos – em colaboração – entre pesquisadores(as) acadêmicos(as) e educadores(as). Tratando-se de instrumento fundamental na sinalização de subsídios para a formação de professores(as) que atuam nas instituições educacionais, efetiva-se por meio da contínua intervenção na realidade pesquisada, pelo envolvimento dos sujeitos da pesquisa e pela possibilidade de transformação das ações cotidianas com base nas reflexões produzidas nesses contextos.

> Vale considerar que a demanda por Formação Contínua, neste caso, havia sido manifestada pela creche parceira na pesquisa e que desenvolvíamos, anteriormente, ações formativas junto às educadoras da creche num projeto intitulado "Qualidade na Educação Infantil".

A pesquisa-ação colaborativa apresenta-se, ainda, como fértil alternativa para a superação da racionalidade técnica e é produzida no processo de busca de novas soluções para os problemas vivenciados no cotidiano das instituições educacionais. Há, da parte do(a) pesquisador(a) e dos(as) colaboradores(as), um esforço para produzir uma reflexão na prática, pois ambos os lados trazem conhecimentos diferentes para o trabalho conjunto. Longe de haver uma igualdade, há paridade no relacionamento, com reconhecimento da contribuição do outro e respeito por ela (Zeichner, 1998).

Pretendíamos, de início, desenvolver uma prática de pesquisa que trouxesse elementos formativos para o grupo colaborador, que contribuísse para sua emancipação e não o considerasse mero objeto de estudo. A interação universidade-instituições de educação infantil e a possibilidade de amplificação das vozes dos(as) professores(as) de educação infantil, assim como dos diversos contextos existentes, apresentaram-se como condição para o delineamento da pesquisa. Procuramos, dessa forma, construir ao longo dela vínculos de confiança e de respeito profissional mútuos, conduzindo o grupo a um processo de engajamento profissional, de corresponsabilização formativa e de pesquisa.

> O termo tem o mesmo significado de comunidade aprendente, conceito já mencionado neste livro e utilizado por Estrela e Leite (1999) e Canário (1997), quando se referem à instituição educacional como local para o trabalho coletivo e a aprendizagem docente, que é contínua.

Zeichner, ao tratar das novas relações entre universidade e escola, questiona sobre as práticas de formação docente, a forma como os(as) professores(as) estão refletindo e o que estão refletindo. O autor assume a necessidade de constituição de *comunidades de aprendizagem* nas escolas, aproximando os(as) alunos(as) da realidade cotidiana das instituições em que trabalharão como profissionais:

> *Uma de minhas experiências foi como supervisor de estágios num programa que buscava preparar professores para ensinar nas áreas pobres, rurais e urbanas. Os estagiários com os quais eu trabalhava tinham que viver nas comunidades. O que se tem hoje é uma situação em que pessoas de classe média que, em alguns casos, podem trabalhar em escolas de áreas pobres, mas elas não vivem lá, não fazem suas compras lá (Zeichner, 2000, p. 7).*

A esse respeito, Oliveira-Formosinho e Formosinho, com outra denominação, porém com o mesmo propósito, também certifica:

> *De um modo geral, estas abordagens procuram articular a formação e a ação, tradicionalmente dissociadas por uma concepção que separa os tempos e os espaços de transmissão e aquisição de saberes – a formação – dos tempos e espaços da sua aplicação – o trabalho – sendo este frequentemente encarado como o campo da mera aplicação desses saberes. Como tal, valorizam, essencialmente, as dimensões da autoformação e da interformação; da ecoformação e da coformação (Pineau, 1989). A valorização dessas dimensões configura o que se pode designar por uma abordagem ecológica da formação. Esta abordagem defende que o desenvolvimento do ser humano tem a ver, direta e indiretamente, com os seus contextos vivenciais (Oliveira-Formosinho; Formosinho, 2001, p. 68).*

Tal perspectiva de relação colaborativa favorece aos(às) participantes, a um só tempo, a construção entre sujeito e objeto e a ampliação da compreensão e da consciência dos fenômenos da realidade, problematizando-os. Nela, os(as) participantes da pesquisa formam-se também pesquisadores(as), simultaneamente ao processo de constituição como educadores(as). Autores que aprofundaram esse tema – particularmente o tema do professor(a) reflexivo(a) – apontam esse tipo de pesquisa como ferramenta importante na formação desses(as) profissionais. Enfatizam o processo de pesquisa como estratégia pedagógica relacionada ao pensamento democrático, à luta pelo fortalecimento do poder do(a) professor(a), observando a não neutralidade nos valores que informam o conhecimento. Um aprendizado real e compartilhado desloca, dessa maneira, a compreensão do ensinar e do aprender, tradicionalmente atribuída ao(à) professor(a) e ao(à) aluno(a) em situação de ensino. Aprender, nesse caso, significa atribuir sentido a uma realidade complexa – com base nas histórias cognitiva, afetiva e social de cada sujeito (Canário, 1997).

1. Os caminhos e o caminhar

Os encontros de Pesquisa/Formação, como caminho metodológico, justificaram-se pelo fato de sua forma de organização privilegiar o desenvolvimento de profissionais reflexivos(as) em contraposição a um modelo de formação prescritivo-tecnicista, além de possibilitar, no próprio processo de gestão, alterações nas concepções e nas práticas, resultantes de elaborações reflexivas acerca do cotidiano de trabalho institucional. Organizados de maneira que possibilitassem problematizações, os encontros de Pesquisa/Formação tiveram a mediação teórica como suporte, a fim de superar questões inerentes à relação entre teoria e prática, e surgiram de uma adaptação da experiência dos Grupos de Formação desenvolvida pela Secretaria Municipal de Educação da Prefeitura do

Os Grupos de Formação representaram uma modalidade de Formação Contínua. Realizados diretamente nas escolas, baseavam-se num conjunto de ações – traduzidas em políticas públicas levadas a efeito no período administrativo de 1989 a 1993 – que visavam melhorar a qualidade da educação na rede pública municipal, a gestão e a ampliação de vagas nas escolas. Para a existência dos Grupos de Formação, foi necessário alterar a jornada dos(as) professores(as), com predominância da opção por uma permanência maior de tempo na escola. Considerando os limites desta obra, apresentamos breve adaptação dessa experiência formativa.

Município de São Paulo e iniciada em 1989, como uma das modalidades do Programa de Formação Permanente dos Educadores da Rede Municipal.

Semelhantes experiências de formação permitem que os(as) docentes passem a dividir sistematicamente seu trabalho com os próprios pares, e já não apenas com os(as) alunos(as). A condição do(a) professor(a) na escola também é modificada: de um estado de isolamento, ele(a) passa a vivificar um modelo de profissão baseado na gestão coletiva e pública do ofício. Mudanças são apresentadas à medida que a ação formativa pressupõe a recriação e a revisão contínuas do trabalho realizado, desestabilizando a maneira cotidiana de viver a condição docente, ao introduzir na escola determinadas estratégias inusitadas de vivência profissional (estudo coletivo, socialização, conhecimento entre os pares, reflexão sobre a própria prática) e ao pôr em curso, no âmbito institucional, modos de ressignificação da profissão que se confrontam com os enquadramentos habituais com que os(as) professores(as) exercem seu ofício (Mussi, 2000).

Outra dimensão que justifica o procedimento dos encontros de Pesquisa/Formação, novamente apresentada a nós por Zeichner, é a necessidade de passar em revista aquilo que os(as) colaboradores(as) – tanto os(as) estagiários(as) quanto os(as) professores(as) de instituições de educação infantil – aprenderam sobre infância, instituições de educação infantil e seus(suas) educadores(as), vislumbrando outras maneiras de ensinar e de aprender. Em suas palavras:

> *Os professores devem ser sacudidos, de modo a reexaminar o que eles aprenderam. A apresentação que lhes fizeram da história foi muito seletiva, ignorando a contribuição de vários grupos... Se alguém mencionar Paulo Freire aos estudantes, mesmo aqueles que estão avançados no*

programa de Formação de Professores da Universidade de Wisconsin dirão que nunca ouviram falar dele. Então, o tipo de experiência que o estudante tem é muito limitado. Temos de romper com o sistema atual e buscar outras formas de progredir (Zeichner, 2000, p. 7).

Isso nos remete à importância do estudo, necessário para problematizar o trabalho; estudo como atitude diante do conhecimento e como atitude metodológica que nos auxilia a manter a prática com avaliação contínua e como possibilidade de construção de nova relação com o conhecimento e, consequentemente, de atitude diante do mundo.

Organizamos dois subgrupos: um de creche e um de pré-escola. Esses subgrupos de Pesquisa/Formação tinham como integrantes seis estagiárias e seis educadoras das instituições colaboradoras da pesquisa e foram organizados na forma de dez encontros quinzenais com duração de 90 minutos cada. Todos os encontros de Pesquisa/Formação realizados foram gravados em vídeo e revistos após cada sessão, a fim de retomar e registrar acontecimentos relevantes e atentar para enunciados a serem depois problematizados com o grupo. Os registros também eram sempre feitos na forma de um diário de campo.

> Três educadoras eram de uma creche assistencial – sem formação específica para atuarem na educação infantil – e três de uma pré-escola pública municipal localizada no entorno dessa mesma creche. Quanto às estagiárias, três acompanharam o subgrupo da creche e três acompanharam o subgrupo da pré-escola. Nos últimos encontros, juntamos os dois subgrupos, e os encontros ora eram realizados na creche, ora na pré-escola. Vale lembrar que as professoras de pré-escola não conheciam a creche, assim como as educadoras da creche não conheciam a pré-escola, em que pese o fato de que as duas instituições estivessem instaladas no mesmo bairro, com distância geográfica de aproximadamente dois quilômetros uma da outra.

Empreendemos a seguinte dinâmica nos encontros: sensibilização ao tema proposto para o dia, seguida de socialização e debate sobre reflexões e/ou problematizações de práticas ou de observações trazidas pelas colaboradoras; ao término, sempre uma avaliação do encontro. Tal dinâmica por vezes foi alterada, buscando responder às necessidades mais prementes manifestadas pelos grupos, as quais demandavam apoio e escuta mais qualificada de nossa parte.

Buscou-se, nos subgrupos de Pesquisa/Formação, a assunção do sujeito e, simultaneamente, do coletivo, em uma atuação interinstitucional conformada na tríade ensino, pesquisa e extensão. Desenvolvemos o *ensino* quando atuamos juntos na pesquisa com estagiárias da instituição formadora; estamos qualificando-o quando trazemos os dados da realidade investigada com diferentes olhares para a sala de aula na forma de problematização.

Desenvolvemos *pesquisa* quando traçamos procedimentos, vamos a campo, coletamos e problematizamos dados e construímos uma interpretação coletiva na busca da melhoria da qualidade do serviço educacional oferecido às crianças nas instituições de creche e pré-escola. Desenvolvemos *extensão* quando, na parceria com a instituição colaboradora, estendemos nossas produções e olhares científicos em forma de diálogo, favorecendo nova maneira de entender a formação e a pesquisa no cotidiano da instituição educacional, construída por meio de trocas e reinterpretações daquela realidade. Trata-se do caminho encontrado para desconstruir/reconstruir aprendizagens na perspectiva de superar, alterar ou rever concepções e práticas.

Foram manifestadas, entre outras, algumas Necessidades Formativas da parte do grupo, tanto das estagiárias quanto das educadoras das instituições de educação infantil envolvidas na proposta: melhor compreensão da relação entre creche e pré-escola, subsídios práticos para o trabalho com crianças pequenas, entendimento da pré-escola como instância importante na continuidade do percurso formativo da criança e o aperfeiçoamento profissional compreendido na relação entre universidade e estágio.

Entendemos que a educação infantil atravessa um período de transição. No município analisado, as creches ligadas às entidades assistenciais passaram para a responsabilidade da Secretaria Municipal de Educação, o que se traduziu em alterações de rotinas, procedimentos e orientações para o trabalho com as crianças e as famílias. No caso da pré-escola pública municipal, a divisão de espaço físico com a escola de ensino fundamental (séries iniciais) também demandou outras formas de convivência, procedimentos, rotinas, ensejando às profissionais que atuam diretamente com as crianças pequenas uma variedade de situações novas a ser enfrentadas. Ao atentarmos para as Necessidades Formativas apresentadas por essas professoras de educação infantil, supomos a caracterização de tal cenário, considerando o lugar de onde elas falam, a fim de qualificar suas vozes. Por se tratar de um grupo de mulheres, usaremos a expressão no feminino.

Realizamos com essas profissionais um contrato coletivo de participação, envolvendo frequência aos encontros, horários, tarefas, objetividade nas intervenções, disponibilidade para estudos, reflexões sobre a relação entre teoria e prática, sigilo sobre as informações, pseudônimo das colaboradoras e das instituições pesquisadas e o consentimento no uso dos dados para fins de pesquisa. A par das orientações gerais sobre os procedimentos a ser utilizados, iniciamos um resgate das identidades das colaboradoras, buscando entender a história do nome de cada uma. Aquelas que não sabiam se dispuseram a pesquisar junto a familiares, e cada uma pensou em pseudônimos que fizessem sentido para si e para as instituições em que atuavam, o que foi importante para introduzir a dimensão da memória, essência do trabalho com relatos autobiográficos. Essa prática contribuiu para reflexões sobre a elaboração da identidade pessoal e para que o grupo firmasse os primeiros vínculos. Os nomes escolhidos por elas relacionavam-se àqueles que gostariam de ter, como homenagens a ídolos e colegas de infância.

Os encontros tiveram como objetivos: I) conhecer o grupo; II) conhecer a história da instituição de educação infantil – creche ou pré-escola colaboradora – por meio de levantamento de dados, de entrevista com informantes do bairro ou da própria instituição sobre seu surgimento, sobre as necessidades que atendeu e sobre a evolução do atendimento até aquela data. Foram analisados também os documentos de que a instituição dispunha. Perguntávamos se essas histórias seriam histórias locais, buscando relacionar a história local com as histórias de creches e pré-escolas no Brasil, a fim de evidenciar nessas trajetórias os tempos e espaços diferenciados; III) possibilitar que as participantes da pesquisa elaborassem os sentidos e significados da profissão e as razões da opção por ela por meio de relatos autobiográficos escritos e socializados nos subgrupos. As entrevistas realizadas com cada uma individualmente também serviram como subsídio para essa tarefa; IV) criar condições de problematização coletiva dos registros das práticas pedagógicas das colaboradoras, associados aos registros de observações das estagiárias, procurando adentrar na complexidade do cotidiano de trabalho institucional, o que possibilitaria, dessa forma, a emergência de temas que mereceriam aprofundamento, dentre os quais destacamos: as intencionalidades do trabalho pedagógico, a função social da instituição de educação infantil, a imagem de criança usuária desse serviço educacional, o papel das colaboradoras na qualidade de profissionais da educação e de cuidados e as necessidades formativas que apresentam.

Quanto ao pseudônimo escolhido para as duas instituições, a creche foi denominada pelas colaboradoras "Creche Sementinha" e a pré-escola, "Escola Municipal de Educação Infantil e Fundamental – EMEIEF Gabriel Silva Santos".

Esses pseudônimos foram justificados com base no contexto das duas instituições. "Creche Sementinha" deveu-se à necessidade de as mães gestantes terem um local seguro para a guarda das crianças quando estas nascessem e as mães fossem trabalhar fora de casa. "EMEIEF Gabriel Silva Santos" foi uma associação ao anjo Gabriel, com o acréscimo de sobrenomes comuns às crianças daquela localidade. Observa-se, nessas argumentações, uma concepção romântica e, de certa forma, idealizada de criança, concepção já muito analisada por historiadores da infância e que pode desviar a atenção da criança real, protagonista do cotidiano de trabalho em instituições de educação infantil.

É importante informar que os encontros foram realizados na pré-escola e na creche, o que parece indicar uma necessidade das professoras de conjugar ações de formação com a prática desenvolvida na unidade educacional. Trata-se de questão aparentemente óbvia para pesquisadores(as) e muito valorizada pelas colaboradoras como um fator facilitador nesse trabalho de Pesquisa/Formação.

Todas as participantes da pesquisa (estagiárias, educadoras de creche e professoras de pré-escola) eram residentes na região do ABCD. Encontravam-se na faixa etária entre 20 e 40 anos, com exceção de uma, na faixa entre 40 e 50 anos. Naquele agrupamento situavam-se as estagiárias que deixaram de estudar em razão do casamento e do nascimento e educação dos filhos e ingressaram no ensino superior em média dez anos após essa etapa da vida. Das educadoras de creche, duas encontravam-se na faixa entre 20 e 30 anos e uma entre 40 e 50 anos, com formação de educação básica e em processo de formação em nível superior. Uma delas finalizou o ensino médio por meio de curso supletivo.

As professoras de pré-escola situavam-se na faixa etária entre 30 e 40 anos e possuíam formação em nível superior. Uma delas estava em processo de formação em nível de pós-graduação *stricto sensu* (mestrado).

O tempo de trabalho na função era diferente para os grupos de creche e de pré-escola. As educadoras de creche estavam na atividade profissional havia menos de três anos. No caso das professoras de pré-escola, uma atuava havia três anos como professora e as outras duas contavam um tempo de trabalho na educação superior a 15 anos.

A exigência de formação para atuação na creche pesquisada era ensino médio e, na pré-escola, o nível médio (Magistério) ou curso superior em Pedagogia.

A diferença entre os dois subgrupos no tempo dedicado ao exercício profissional revela as condições inerentes à atuação em instituições públicas e assistenciais de educação infantil, tais como a estabilidade no emprego (no caso do serviço público para as professoras de pré-escola) e, inversamente (no caso das educadoras de creche), a grande mobilidade de pessoal, devida, entre outras razões, aos salários abaixo daqueles praticados na área e às condições de trabalho desfavoráveis, que provocam a evasão dessas educadoras para outros ramos de atividade profissional. Essa conjuntura dificulta a formação de equipes e, sobretudo, a continuidade do trabalho pedagógico e os vínculos do educador com as crianças e com as famílias, o que significa constante recomeço das ações formativas levadas a efeito nas creches.

O universo sociocultural do grupo apresentou-se da seguinte forma, no que concerne às estagiárias: apreciavam atividades de teatro, cinema e só uma desenvolvia uma linguagem expressiva (música: violão). Quando não estavam trabalhando, estudando ou realizando tarefas domésticas, procuravam frequentar museus, teatros, cinemas. Apreciavam livros de autoajuda, ficção, religiosos e clássicos da literatura. Disseram que gostariam de ter maior acesso a atividades culturais e de lazer, o que era dificultado pelas condições financeiras. As educadoras de creche apreciavam desenvolver atividades ligadas às artes (pintura em cerâmica e teatro) e viajavam ou praticavam atividades físicas quando não estavam trabalhando ou estudando. Entre as professoras de pré-escola, só uma desenvolvia alguma atividade artística (violão e canto). Apreciavam frequentar *shows* musicais, cinema, teatro, passeios com a família, praticavam mergulho e acessavam a internet e também se ressentiam das dificuldades financeiras, que limitavam o acesso a esses ambientes culturais e de lazer. Quanto à participação em sindicatos, agremiações, igrejas ou partidos políticos, as estagiárias não o faziam, com exceção de uma, filiada a partido político. Das educadoras de creche, só uma participava de grupo de jovens em igreja. No caso das professoras de pré-escola, duas não participavam de nenhum agrupamento social e uma já havia participado.

De maneira geral, a inserção cultural e coletiva aparece como uma dificuldade manifestada pelo grupo de colaboradoras. Ampliar a participação social, para além das ações profissionais, parece apresentar-se como uma necessidade, uma vez que a educação pressupõe determinada visão de mundo que também é, em muito, produzida na/pela participação social, especialmente quando se considera que o estilo de vida dos(as) educadores(as), suas identidades e culturas têm impacto sobre suas práticas (Goodson, 1995). O lugar de que se fala revela a visão de mundo e colabora também para revelar o sujeito, a profissão e a organização institucional em que atua.

Kramer vem alertando-nos para a necessidade imperiosa de haver investimento público na formação cultural dos(as) professores(as), na ampliação de seus repertórios culturais, elucidando a importância de criar as condições para a escola representar um espaço não apenas de disseminação, mas de produção de arte e de cultura.

2. Ressignificar saberes e fazeres: fotografando o movimento de produção das identidades profissionais de professores(as) de educação infantil

Optamos pelo termo "colaboradoras" para referir-nos às educadoras de creche, estagiárias e professoras de pré-escola participantes da pesquisa e oferecer tratamento coerente com o tipo de pesquisa que realizamos: a colaborativa.

A opção pela realização da pesquisa em uma creche da área da assistência social, em transição para a área da educação, deveu-se ao fato de que semelhante instituição traz, em suas configurações atuais, muitas das marcas originárias, entre as quais, particularmente, o atendimento às necessidades da mulher trabalhadora – o critério fundamental para o acesso institucional – e a situação de risco da criança, uma vez que não há vagas para toda a demanda social por creches. Por sua vez, pesquisar uma pré-escola pública municipal que recebesse as crianças oriundas da creche escolhida tornaria possível verificar a continuidade ou não do trabalho e as eventuais diferenças nas identidades profissionais das educadoras.

> A situação de risco, neste caso, refere-se à avaliação de alto grau de vulnerabilidade social em que a criança e sua família se encontram por ocasião da procura por vaga em creche.

As duas instituições carregam histórias que merecem ser compreendidas à luz das recentes determinações legais de educação e de cuidados. Nesse caso, é importante considerar, também, como as histórias institucionais de creche e de pré-escola são produzidas no cenário do atendimento à infância e, consequentemente, responder quais necessidades estariam sendo atendidas: das famílias, das crianças, da educação? A resposta a essa questão poderá ajudar-nos a compreender como integrar a educação e os cuidados em instituições com histórias e construções sociais diferenciadas.

Nas narrativas das educadoras e das professoras, buscamos a emergência das subjetividades/identidades/alteridades presentes nesse processo formativo e nas práticas construídas no cotidiano dessas instituições educacionais. Tais narrativas ajudaram-nos a perceber as formas diferenciadas de ser e estar na profissão de professores(as) de educação infantil, seja como vir a ser (no caso das estagiárias), seja como prática profissional (no caso das educadoras de creche e professoras de pré-escola).

A ação narrativa da história de cada um(a) configura-se como um ato de conhecimento, para além da exposição de uma história e de reflexão sobre as práticas. Uma cadeia de elementos significantes reveladores de uma forma de representação de mundo e da profissão anuncia, ao mesmo tempo, determinada realidade social e a produção de desejos e, consequentemente, de necessidades, potencializando apropriações e aprendizagens profissionais. Ao narrar, o(a) professor(a) constrói na forma linguística e reconstrói, por sua vez, o discurso relacionado à prática.

O recurso às (auto)biografias e às narrativas, de maneira geral, como instrumento desencadeador e produtor de subjetividades, passa a ganhar destaque na pesquisa científica nas ciências humanas, especialmente nas últimas décadas. Na área da educação, os estudos com história de vida de professores(as) vêm sendo utilizados em programas de Formação Contínua por representarem uma possibilidade retrospectiva e prospectiva, considerando a experiência de vida trazida pelo adulto em sua trajetória, que merece ser ressignificada por si próprio, a fim de potencializar processos formativos. Nas palavras de Goodson (1995, p. 69), "escutar acima de tudo a pessoa a quem se destina o 'desenvolvimento'. Isto significa que as estratégias a estabelecer devem facilitar, maximizar e, em sentido real, surpreender a voz do professor".

As narrativas produzidas nessa investigação (entrevistas individuais e relatos autobiográficos escritos e socializados em grupo) justificam-se por constituirmos naturalmente seres contadores de histórias que, tanto no plano individual quanto social, vivem vidas relatadas. O estudo da narrativa é, portanto, o estudo da forma pela qual os seres humanos experimentam o mundo.

Elementos importantes nesse tipo de investigação são a relação de igualdade entre os(as) participantes, a situação de atenção mútua e o sentimento de conexão.

Definimo-nos pela entrevista como um dos caminhos para a apreensão das identidades profissionais de professores(as) de educação infantil por favorecer a interação com as colaboradoras, prevalecendo a possibilidade de troca recíproca entre entrevistador e entrevistado e a liberdade de percurso de ideias presente na entrevista de tipo semiestruturado, em que o tom da conversa vai sendo delineado de forma mais livre. As entrevistas cumpriram papel auxiliar nas análises, junto aos relatos autobiográficos.

Após a realização das entrevistas, gravadas em fitas de áudio, efetuamos as transcrições, que, em seguida, foram devolvidas às colaboradoras para eventuais correções do percurso das ideias emitidas, pois, como sabemos, trata-se de duas linguagens distintas – a falada e a escrita – e, por vezes, uma pode contradizer a outra. Só após esse procedimento é que iniciamos as leituras por meio de um mapeamento global de todas as entrevistas, realçando as ocorrências, as recorrências, as diferentes atenções dadas pelas informantes aos temas tratados, assim como as primeiras conexões evidenciadas.

Nos relatos autobiográficos, buscamos estreitar as ações de formação e de pesquisa. Bosi considera que proceder ao resgate do passado serve para alinhavá-lo; não o fechando, mas, ao contrário, potencializando uma reflexão sem limites:

> *Não há evocação sem uma inteligência do presente, um homem não sabe o que ele é se não for capaz de sair das determinações atuais. Acurada*

> *reflexão pode proceder e acompanhar a evocação. Uma lembrança é um diamante bruto que precisa ser lapidado pelo espírito. Sem o trabalho da reflexão e da localização, ela seria uma imagem fugidia. O sentimento também precisa acompanhá-la, para que ela não seja uma repetição do estado antigo, mas uma reaparição (Bosi, 1994, p. 81).*

Lembrando Adorno e Horkheimer (1978, p. 73), "não se trata de conservar o passado, mas de resgatar as esperanças do passado". Nessa dimensão de trazer o sujeito ao centro da cena, o trabalho com histórias de vida e, no caso desta investigação, os relatos autobiográficos apresentam-se ao mesmo tempo como uma forma de apreender/aprender e, consequentemente, como atividades de formação e de pesquisa.

Os trabalhos com histórias de vida buscam a construção de uma teoria de formação de adultos que ressignifique a aprendizagem e dê conta da complexidade dos percursos/processos formativos com base em novos elementos de análise e na compreensão e produção de conhecimentos, situados na encruzilhada de vários saberes. Originalmente, o trabalho com histórias de vida, constituindo um projeto de conhecimento e de formação e tendo a subjetividade como modo de produção de saberes, estabeleceu alguns marcos nas pesquisas em Educação: reabilitou o sujeito no lugar de uma visão determinista e linear e passou por abordagens interdisciplinares, pelas relações entre a Psicologia e a Educação ampliadas com as relações biopsicossociais e culturais. Utilizadas igualmente em abordagens fenomenológicas, a partir da década de 1980, as histórias de vida põem-se a serviço também da lógica de projetos, na consideração da experiência dos adultos formandos (Josso, 2002).

Nesse sentido, ouvir as singularidades, considerar a formação do ponto de vista do(a) aprendente, permite articular o saber fazer e os conhecimentos, a funcionalidade e as significações, aliando técnicas e valores, a autodescrição de um caminho de continuidades, rupturas, fronteiras individuais e coletivas, com vistas à apropriação de um conhecimento sobre si.

O sentido da formação envolve a integração, na consciência e nas atividades de aprendizagem, das descobertas e significados efetuados em qualquer espaço social (Josso, 1988). A formação experiencial "relança o debate sobre a relação teoria e prática nas atividades educativas ou, por outras palavras, o lugar respectivo da teorização e da exploração pessoal" (Josso, 2002, p. 41).

Ouvir o(a) professor(a), facultando-lhe situar o lugar de que fala, dimensionar sua percepção no momento da reflexão sobre sua história de vida e apropriar-se das memórias para elaborá-la, ressignificar o presente e projetar o futuro apresentam-se como possibilidades no uso dos relatos autobiográficos. No caso de professores(as) de educação infantil, representaram amplificar suas vozes, alicerçando o trânsito para outro patamar de desenvolvimento profissional. Tais relatos configuram-se como um caminhar em que viagem e viajante são apenas um:

> *Uma viagem ao longo da qual ela vai explorar o viajante – reconstituindo o itinerário, os diferentes cruzamentos com os caminhos de outrem, as paragens, os acontecimentos, as explorações e as atividades que lhe permitem localizar-se no tempo/espaço, compreendendo o que o orientou, fazer o inventário da sua bagagem, recordar os seus sonhos, contar as cicatrizes dos incidentes de percurso (Josso, 2002, p. 42-43).*

O trabalho com a memória possibilita apresentar diversas vozes, expostas nas lembranças do passado, que demonstram a interferência de outros fatores, entre os quais o caráter seletivo da própria memória, que envolve o silêncio e o esquecimento. Em situações de socialização dos relatos autobiográficos, comumente as pessoas se apercebem de que "esqueceram" fatos, situações que, ao serem ouvidas de outra pessoa, selam um processo de identificação. Isso nos faz acreditar que o narrado expressa as relações entre a individualidade do sujeito e sua condição social mais ampliada e serve para reconceitualizar o passado de acordo com o momento presente, levando em consideração a pessoa com quem se está falando assim como o objetivo da narrativa.

O processo de formação pode, assim, ser considerado como a dinâmica em que se vai construindo a identidade do sujeito. Processo em que cada um, permanecendo ele próprio e reconhecendo-se a si mesmo ao longo de sua história, forma-se, transforma-se, em interação (Moita, 1995). A reminiscência, um movimento crescente e contínuo, assegura as condições de produção da narrativa, tece a rede em que todas as histórias se constituem. Assim, para Walter Benjamin:

> *Ocorre uma reminiscência criadora, que atinge seu objeto e o transforma [...]. O sujeito só pode ultrapassar o dualismo da interioridade e da exterioridade quando percebe a unidade de toda sua vida [...] na corrente vital do seu passado, resumida na reminiscência, que funda a cadeia da tradição, que transmite os acontecimentos de geração em geração (Benjamin, 1987, p. 198).*

A escrita requer do sujeito uma elaboração que revela processos de construção de identidades. Trata-se de um trabalho inicialmente solitário e posteriormente habitado pelo diálogo com outras narrativas ouvidas, na busca de um autorretrato dinâmico que envolve o distanciamento e a alteridade. O relato sobre as maneiras de viver, de investi-las de sentido ou de projetar-se nelas com base no imaginário tem papel decisivo no trabalho com autobiografias.

Nóvoa (1995) categoriza os estudos concernentes à utilização das abordagens autobiográficas, situando-os, de maneira geral, em: *objetivos essencialmente teóricos*, relacionados com a investigação; *objetivos essencialmente práticos*, relacionados com a formação; por fim, *objetivos essencialmente emancipatórios*, relacionados com a investigação/formação. A pesquisa que realizamos enquadra-se nesta última categoria, representando uma forma de estímulo à autonomia individual e coletiva das educadoras por intermédio da participação na pesquisa que inclui a formação.

Ao longo dos encontros de Pesquisa/Formação (na creche e na pré-escola), orientamos o grupo para a construção de um relato autobiográfico, que objetivou resgatar o período da infância até a entrada na escola formal, salientando as necessidades de cuidados e as necessidades educativas presentes, o percurso formativo na escola, as razões da "escolha" profissional e a impressão sobre como foi fazer o relato, o que essa experiência produziu em si. Após a produção escrita, houve a socialização nos subgrupos, momento em que foram compartilhadas revelações de histórias individuais que serviram também para compor um cenário tanto das histórias coletivas dos dois atendimentos institucionais para a infância no Brasil como da construção social da profissão.

Identificamos, nessas narrativas, questões como temporalidades, interpretações, tipos de causalidades invocadas nas narrativas, dialética entre permanência e não permanência (fios condutores *versus* ruptura ou deslocamento), ocorrência *versus* recorrência, continuidade *versus* mudança, temas amplos que serão problematizados mais adiante.

Nóvoa (2001a, b) ressalta, em seus estudos, a importância de processos de aperfeiçoamento da prática pedagógica por meio do diálogo e do debate entre colegas de trabalho, partilhando experiências, como forma de combate à reprodução de teorias e práticas. Para ele, aprender a ensinar envolve *diversas posturas e ações*: a rejeição a formas de corporativismo e a necessidade de afirmação de um coletivo profissional; a participação em planos de regulação do trabalho escolar, de pesquisa, de avaliação conjunta e de formação continuada, partilhando tarefas e responsabilidades; saber trabalhar em grupo; participar de movimentos pedagógicos de debate, refletir e intervir nos sistemas de ensino; organizar momentos interdisciplinares de trabalho por meio de métodos de seminários de observação mútua, de prática reflexiva; criar laboratórios de análise coletiva das práticas; produzir dispositivos de supervisão dialógica e articular teoria e prática. O autor reconhece o espaço da incerteza e da instabilidade presentes nas sociedades contemporâneas, asseverando haver dilemas para os quais as respostas do passado já não servem e as do presente ainda não existem.

Após o término das entrevistas e dos relatos autobiográficos escritos e socializados nos subgrupos, iniciamos um movimento de análise com leituras e releituras, organizando os dados em grandes núcleos temáticos que serviram para caracterizar a *produção do sujeito*. O sujeito, a profissão e a instituição dialogaram nos diferentes espaços e tempos da pesquisa. Na análise, um conjunto inicial de núcleos temáticos foi emergindo, tendo como critério, nessas leituras, os objetivos da pesquisa e os referenciais teóricos sobre identidade profissional de professores(as) de educação infantil em instituições de educação infantil por nós escolhidas, na mira da construção de um conjunto de categorias explicativas.

Um detalhamento menos formal ia sendo construído durante todo o processo de coleta de dados. Ao final, porém, um tratamento mais formal foi necessário, buscando tendências e padrões relevantes em diálogo permanente com os referenciais teóricos e a prática, entre os dados da realidade e a aprendizagem desenvolvida ao longo da pesquisa.

Para a análise dos dados, utilizamos as orientações de Bogdan e Biklen (1997), reforçadas por Gómez, Flores e Jiménez (1999) e por Denzin e Lincoln (2000) no processo de construção das categorias, considerando as subjetividades inerentes a esse processo, pois ao(à) pesquisador(a) – o principal instrumento na pesquisa qualitativa – se torna imprescindível balizar-se pela comunicação constante com seus(suas) colaboradores(as), pela explicitação dos métodos e procedimentos utilizados e pela constante preocupação com as apreciações do grupo de colaboradoras e com a variedade de situações, fontes e momentos da pesquisa. Tivemos acesso a uma multiplicidade de informações, resultado de uma relação de confiança e de vínculos afetivos e profissionais construídos ou aprimorados nesse caminhar.

Organizamos o processo de análise em duas fases: I) *fase de segmentação dos materiais*: que poderiam sugerir futuras linhas de análise, possíveis conexões com outros dados e com a literatura da área; II) *fase de categorização*: separando as informações em fragmentos significativos, buscando explicações, contextualizando e contrastando com estudos similares. No processo de análise e interpretação, foi necessária uma garimpagem dos dados, trazendo ao centro da análise somente as dimensões que interessavam ao foco da investigação. Distanciamento e imersão foram movimentos necessários e essenciais nesse caminhar da pesquisa.

Dois cenários guiaram-nos nessa análise: em primeiro lugar, as pegadas dos caminhos para a compreensão das identidades profissionais de professoras de educação infantil evidenciaram itinerários plurais.

Construídas sempre em relação a algo, as identidades profissionais de professoras de educação infantil, no Brasil, situam-se num terreno de fragilidades e de conquistas, de interseção entre as trajetórias de vida dos(as) profissionais que atuam em creches e pré-escolas e os sistemas de emprego, trabalho e formação, num cenário de menos de duas décadas do surgimento de um novo estatuto para a infância, o qual teve como consequência nova maneira de dimensionar a formação desses(as) profissionais conjugada às perspectivas atuais para a formação de professores(as) e nova concepção de educação infantil como primeira etapa da educação básica.

Em segundo lugar, o trânsito de uma concepção de guarda e de escolarização para uma concepção de educação global da infância requer uma análise que ultrapasse interpretações estanques e considere professores(as) de educação infantil como profissionais.

Isso implica condições de trabalho para o exercício da profissão sustentadas em uma Formação Universitária e Contínua capaz de sedimentar uma cultura de formação que não se inicia nem termina nesse nível de ensino; antes, considera o percurso formativo desenvolvido ao longo da vida, as implicações e significações produzidas, tendo no estágio um momento privilegiado nesse percurso. Reputamos ser esse um dos maiores desafios para a efetivação da educação infantil no Brasil, que venha a garantir a perspectiva de direitos assegurada no plano legal.

A identidade pessoal é considerada, aqui, como base para a construção da identidade profissional nos diversos momentos formativos. O diálogo dessas identidades com as identidades institucionais conforma uma maneira de compreendê-las e analisá-las.

IV

Sujeito, profissão e instituição: modos articulados de compreender as identidades profissionais de professores(as) de educação infantil

Amigos africanos me asseguraram que,
em muitos idiomas nativos da África, há um montão
de termos para "caminho e caminhar", com incríveis nuances.
Caminhar com uma criança, se fala de um modo.
Caminhar com os pais, já se fala de outra maneira.
Caminhar com amigos se diz de um jeito, com uma pessoa amada, ainda
de outro, mas segundo me disseram esses amigos da África,
apesar de tantas palavras para "caminhar", nas línguas deles não existe
nenhuma palavra para "caminhar sozinho"
(Hugo Assmann, 1995, p. 12).

Na perspectiva já apontada por Nóvoa (1992), os processos de desenvolvimento do(a) professor(a) devem ser considerados como interligados: o desenvolvimento pessoal (*produzir a vida do[a] professor[a]*), o desenvolvimento profissional (*produzir a profissão docente*) e o desenvolvimento organizacional/institucional (*produzir a escola*). A fim de assegurar esta tríade indissociável – pessoa, profissão e instituição –, organizamos a pesquisa de maneira que a formação ocorresse no curso do próprio processo, produzindo ações reflexivas sobre concepções e práticas profissionais que, ao mesmo tempo, promovessem novos sentidos e significações para a profissão de educadora de crianças pequenas.

Assim, contribuímos para que o desenvolvimento pessoal das colaboradoras se efetivasse, estimulando o protagonismo do sujeito e promovendo os saberes da experiência. Buscamos provocar a produção de significações e sentidos sobre as vivências e experiências de vida, de modo que fossem criadas condições de autoformação. As trocas de experiências, as partilhas observadas nos encontros, configuram espaços de formação e de desempenho de papéis de formador(a) e de formando(a) simultaneamente. O objetivo é a construção de um espaço de identidades em contextos diferenciados como o de creche e de pré-escola. Um tempo para ver a si e ao outro, de explicitação de identidades.

Observamos grande disponibilidade e interesse das colaboradoras para expressar seus pontos de vista e sentir-se apoiadas e reconhecidas profissionalmente. Entendemos ser esse um fator relevante no processo de construção das identidades profissionais, pois dimensiona e valoriza o(a) profissional que se é, pelo olhar de outro, diferente, possibilitando a construção de uma imagem de si à luz de como se é visto pelo outro.

1. Produzir o sujeito: construindo-se professores(as) de educação infantil

Há um passado no meu presente / Um sol bem quente lá no meu quintal
Toda vez que a bruxa me assombra / O menino me dá a mão

E me fala de coisas bonitas / Que eu acredito que não deixarão de existir
Amizade, palavra, respeito / Caráter, bondade, alegria e amor...
(Milton Nascimento/Fernando Brant)

Por meio dos relatos autobiográficos, observamos ações e reações que nos impelem a reafirmar o caráter formativo do trabalho com as memórias. Tanto da parte das estagiárias quanto da parte das educadoras das duas instituições colaboradoras, evidenciou-se grande desejo de comunicar, expressando subjetividades e singularidades. Houve casos de tamanho envolvimento com a tarefa de escrever, que a pessoa atravessou noite adentro escrevendo e só percebeu o passar do tempo com o clarear do dia. Segundo ela, o tempo não passou. Trata-se de verdadeiro paradoxo, se considerarmos que era exatamente sobre o tempo, ou sobre o próprio percurso formativo enquadrado em um tempo e a reflexão em torno dele, o objeto de sua escrita. Conforme nos lembrava Cazuza, "eu vejo o futuro repetir o passado, eu vejo um museu de grandes novidades, o tempo não para, não para, não para".

A memória apresenta-se reavivada a cada vez que dela fazemos uso. Quanto mais nos lembramos da experiência vivida, escrevemos ou falamos sobre ela, mais podemos ressignificá-la, estando, nesse caso, presentes as dimensões individual e coletiva da memória. Conformando-se como um campo multidisciplinar, ela apresenta uma infinidade de possibilidades de uso e interpretações.

Um aspecto importante dos relatos autobiográficos é a intencionalidade de comunicar, de fazer-se ouvir pelo outro (Ferrarotti, 1988). E, por isso, as narrativas autobiográficas apresentam-se, às vezes, descontínuas, já que a seleção ocorre mais pela significação atribuída pelo narrador aos fatos do que por sua sequência lógica/linear, o que significa olhar o passado com os olhos do presente, em uma construção e reconstrução permanentes, conjugando compreensão, interpretação e emancipação. Trata-se da dupla dinâmica de ouvir a si mesmo e teorizar sobre a própria experiência, tendo na linguagem uma pedagogia crítica da palavra e do mundo e salientando, dessa forma, mais o processo que o produto, de modo que se favoreça o resgate do passado como fonte para a compreensão do presente e a visualização do futuro, bem como a problematização dos temas trazidos, na condição de sujeitos que tiveram suas vozes amplificadas.

Tendo em vista o grande envolvimento dos dois subgrupos na escrita e na socialização das autobiografias (e como uma maneira de sintetizar para cada uma sua história pessoal no tempo), sugerimos, ao final do processo de socialização oral dos relatos autobiográficos, que cada uma produzisse, em uma linha do tempo – do nascimento até aquela data –, os momentos significativos de seu percurso formativo vividos na escola ou fora dela. Todas realizaram esse segundo exercício autobiográfico, servindo-se dele para explicitar experiências e histórias que se entrecruzaram e como mais um instrumento de ressignificação da trajetória de formação: uma forma de tornar visíveis as produções de sentido que foram atribuídas. Elementos comuns e similares foram buscados nas narrativas.

Diante da riqueza do material coletado e de sua dimensão formativa, consideramos, para análise e interpretação, todas as entrevistas e relatos autobiográficos. Utilizamos, entretanto, três critérios básicos para efetuar recortes para essa análise: a clareza de expressão, a possibilidade de proceder à transferência/transposição das situações lembradas para o trabalho com a criança pequena e, por último, a causalidade, permeadas pelas significações e ressignificações que conduziam à narrativa. Efetuamos, assim, uma seleção de forma e de conteúdo relacionados aos propósitos da investigação, que se estendeu durante os encontros de Pesquisa/Formação, proporcionando a construção de relações presentes nas narrativas.

Guiamo-nos, nessa análise, pela compreensão do processo de construção de identidades profissionais de professoras de educação infantil em três ambientes institucionais distintos: uma creche pública assistencial, uma pré-escola pública e uma instituição formadora de nível superior de professores(as) de educação infantil, numa atividade específica de estágio. Espaços e tempos próprios que carecem de diálogo. Perspectivas institucionais, percepções e maneiras de ver-se e ser vistas no mundo e na profissão merecedoras de aprofundamento.

Chamou-nos a atenção a situação comum a todas as colaboradoras, sua condição de mulher, tema que parece condicionar a "escolha" de ser professores(as) de educação infantil, a qual problematizamos a seguir.

2. As identidades construídas em relação ao gênero

O caráter dialógico do trabalho autobiográfico revelou-se ao favorecer a escrita para si e para dialogar com o outro parceiro, que nesse diálogo pode organizar e tecer as próprias compreensões das identidades profissionais e interagir com base nelas.

Para as participantes da pesquisa, todas mulheres, um misto de inevitabilidade e inclinação natural para a profissão apresenta-se, justificado por razões de compatibilidade com o lar e a educação dos filhos. De que lugar essas mulheres falam? Observamos, nas narrativas produzidas tanto pelas estagiárias quanto pelas professoras de pré-escola e educadoras de creche, que se trata de um lugar socialmente construído no âmbito das relações de poder entre homem e mulher. E que, diante da necessidade de aperfeiçoamento pessoal, e em um contexto feminino caracterizado por grandes limitações, o trabalho com crianças pequenas surge como alternativa pessoal e também profissional. Vejamos o relato de uma estagiária:

> *Eu comecei o curso de Pedagogia em outra faculdade, só que não concluí por razões de trabalho. Depois eu me casei e fui morar no interior, e foi passando o tempo, nasceram minhas filhas e aí agora, depois que elas ficaram grandes, eu quis voltar e comecei tudo de novo (Gabriela – estagiária).*

Scott (1990) define o gênero como um processo histórico e culturalmente construído entre homens e mulheres, fundado sobre as diferenças percebidas entre os "sexos", além de ser uma maneira de dar significado às relações de poder.

A perspectiva relacional entre homens e mulheres permite-nos identificar como, no caso das colaboradoras desta pesquisa, as relações construídas no âmbito social e da família contribuíram para a definição/opção pela carreira do Magistério.

A análise das relações entre docência e gênero tem revelado que a profissão se confunde com a história das mulheres. O ingresso delas no Magistério ocorre, no Brasil, ao longo do século XIX, acompanhado pela ampliação da escolarização. Inicialmente se apoiando no discurso científico, chegava-se a afirmar que seria uma temeridade entregar às mulheres, portadoras de cérebros "pouco desenvolvidos" por causa de seu desuso, a educação das crianças. Em contraposição, outras vozes afirmavam que só as mulheres teriam "por natureza" uma inclinação para o trato com as crianças, sendo as naturais educadoras. Se a maternidade é, de fato, seu destino primordial, o Magistério passou a ser representado também como uma forma extensiva da maternidade, uma atividade de entrega, de amor, de doação, para a qual acorreria quem tivesse vocação (Louro, 1997).

O exercício do Magistério apresenta-se, dessa forma, como uma trajetória que vem buscando em seu itinerário uma identidade:

> *De professorinha normalista do início do século, orgulho da família e possível sonho de homens jovens, se passa à educadora dos anos cinquenta – numa época em que se ampliava e se psicologizava ainda mais a prática docente. Os anos setenta, com todo o discurso de tecnologia, eficiência e produtividade, constituem as profissionais do ensino. Tais discursos procuram exorcizar o improviso e construir uma educação escolar efetivamente planificada e "eficaz", mas os mesmos anos setenta produzem, também, a contraface desse profissional, a tia, como aquela a quem cabe apenas dar afeto, aquela de quem escapam as decisões mais importantes e que se dissolve num parentesco generalizante e anônimo (Louro, 1997, p. 83).*

Bueno, em pesquisa realizada com estudantes de curso de Magistério de nível médio no Estado de São Paulo, ressalta o caráter da inevitabilidade desse ofício para certos grupos de mulheres:

> *A procura pelo curso por parte de muitas alunas em função de seu caráter menos exigente não é uma opção, mas o único caminho possível para completarem sua escolarização, já que tiveram uma formação deficiente desde o primeiro grau, agravada em muitos casos pela interrupção da escolaridade, como é o caso das mais velhas. Essa representação não se encontra apenas no nível das ideias, mas se acha alicerçada e, portanto, materializada em realidades muito concretas e objetivas, sem dúvida relacionadas à condição de classe das alunas (Bueno, 1996, p. 151).*

Um aspecto que chamou a atenção, nos relatos autobiográficos, foi a supressão das expressões "eu" ou "nós", em alguns casos, pela quase impessoalidade da narrativa, como na introdução do relato a seguir. Parece-nos que a narração se desenvolve como se o narrador (a própria professora que conta sua história) se referisse a outra pessoa. Uma narrativa em que há vozes submersas, um "eu" que fala pelo outro. Curioso é que, no caso tomado como exemplo, ao final, ela afirma: "Espero ter esmiuçado com clareza, neste registro, quem é a Giovanna". Observemos seu enunciado:

> *Era uma madrugada fria, depois de uma noite agitada, Dona Maria vai para a maternidade, amparada pelo seu marido. O médico, já avisado, espera a paciente, que chega impaciente. Às seis horas da manhã, vem o médico avisar que a menina e a mãe passavam bem e que era questão de tempo que o marido pudesse vê-las. Após a visita, o marido vai trabalhar e retorna mais tarde para apanhar mãe e filha. Então chega em casa Giovanna, é uma menina de saúde enfraquecida por uma bronquite asmática, desde muito cedo (Giovanna – professora/EMEIEF Gabriel Silva Santos).*

Tal aspecto também foi encontrado na já citada pesquisa de Bueno, que atribui a esse fenômeno a capacidade de expressar o modo mais acentuado de certas marcas de nossa cultura que, ao longo do tempo, se impuseram à mulher – entre outros comportamentos, maior decoro e discrição no falar de si. Michelle Perrot (1997) também aponta essa situação ao descrever as dificuldades de reconstituição da história das mulheres, quase restritas ao mundo privado, à vida material, à história familiar, enquanto aos homens coube socialmente a narrativa dos grandes feitos e dos acontecimentos políticos, ou seja, a vida pública.

Em outro estudo, sobre professores(as) de educação infantil e gênero, Cerisara (2002) conclui que a identidade profissional, nesse caso, exigiu tomar como base a identidade pessoal dessas mulheres, construída em meio a uma ocupação socialmente desvalorizada. Trata-se de profissões construídas sob o signo do feminino que trazem implícitas as marcas do processo de socialização entre homem e mulher, cujos eixos fundamentais são o trabalho doméstico e a maternagem, entendida como as atitudes dos adultos para com as crianças que priorizam o afeto e os cuidados, considerados culturalmente como atribuição inerente à mulher.

Para as educadoras de creche, a dimensão de gênero também se apresenta em decorrência – entre outros fatores por elas manifestados – da origem da instituição. As creches surgiram como uma necessidade imposta pelas transformações do mundo do trabalho, pelo aumento da capacidade de emprego das mulheres e pela necessidade de local seguro para a guarda e proteção das crianças na ausência dos pais. Além desses, outros fatores, como a grande vulnerabilidade das crianças muito pequenas e a proximidade com a família, concorrem para a dimensão de gênero, para o fato de a maioria das educadoras ser do sexo feminino. Nas palavras de uma educadora de creche, observamos esse sentido privilegiado do cuidar:

> *A conquista da criança exige de nós muita paciência e perseverança, pois nem sempre a criança entende a sua ida para a creche, de repente ela se vê ali aos cuidados de outras pessoas e que não é a sua mãe. E aí entra o nosso trabalho, trabalhar a confiança da criança, dando a ela motivos para que ela se sinta segura e dando muito afeto e carinho. Quando a mãe entrega essa criança para você na creche, quando ela abre os braços para você, é uma resposta dela, isso significa conquista, pois ela já te deu um bom motivo para iniciar um trabalho de amizade e confiança (Tina – educadora/ Creche Sementinha).*

A afetividade constitui aspecto muito presente na identidade de professores(as) de educação infantil e é expressa de maneira contínua nas manifestações de carinho, de acolhimento da criança e de sua família no contexto institucional, no acompanhamento do processo de crescimento e desenvolvimento, na avaliação do progresso das crianças, na promoção de vínculos com as famílias, o que parece ser gratificante para as educadoras e evidencia o caráter social da creche. Tal constatação parece indicar que a análise das questões de gênero na realidade dos(as) professores(as) de educação infantil implica tratar das diferenças que não representam, a princípio, estereótipos e preconceitos, mas a reconstrução de padrões concebidos como masculino e feminino, das relações entre os espaços público e privado.

No relato de algumas estagiárias, ao recordarem que voltaram a estudar após um intervalo de tempo em razão do casamento e da chegada dos filhos, na busca por uma profissão que tivesse significado em suas vidas, acentua-se ainda mais a condição de gênero. A narrativa seguinte evidencia isso:

> *Eu me sentia insatisfeita e falava: "Ai, meu Deus, o mundo é tão grande e eu naquela vidinha". Pensava que não podia resumir minha vida em ser simplesmente dona de casa, ser mãe de duas crianças, quando eu tenho tanta coisa ainda para oferecer. Eu e meu marido conversávamos naquela época que a sociedade está mudando. E ele, dentro da empresa que trabalhava, dava para manter a casa, mas eu pensei: as coisas mudam... a gente nunca sabe o que pode acontecer amanhã. Então eu queria fazer alguma coisa, poder contribuir... (Maria da Conceição – estagiária).*

Carvalho (1999), ao estudar as práticas de cuidados desenvolvidas por um professor e quatro professoras das séries iniciais do ensino fundamental, aponta as dicotomias presentes na polarização entre as dimensões do público e privado, tais como classe e sexo-gênero, produção e reprodução, cultura e natureza, homem e mulher, racionalidade e afetividade, evidenciando valores e modelos culturais construídos com base no masculino e no feminino. Observamos também essas dicotomias presentes nas narrativas das colaboradoras, o que parece indicar o lugar de que as mulheres – educadoras ou candidatas a educadoras – falam, qual seja, a sociedade do trabalho, da hierarquia, do domínio masculino, fugindo, de certa maneira, à perspectiva profissional, ao direito à realização em uma profissão escolhida e almejada.

Ser professores(as) de educação infantil parece constituir, ainda, uma profissão inerente à mulher, quase uma extensão da condição feminina. Esta, como sabemos, é fruto de construção histórica. O espaço do eu e do nós, do público e do privado no que se refere à profissão e às relações interpessoais nos ambientes institucionais de crianças pequenas são temas merecedores de análise no processo formativo das educadoras.

Por meio da reflexão sobre a própria infância e sobre o percurso formativo na escola ou fora dela, as colaboradoras apontaram a importância do trabalho com as memórias, que cada vez mais faziam sentido para elas, pois representaram uma revisita ao passado, agora com olhar diferenciado: o de professoras de educação infantil.

3. A pré-profissionalização construída em relação à infância e à escola

Trazer à tona as lembranças de infância contribuiu para que as colaboradoras refletissem sobre as necessidades educativas e de cuidado quando pequenas e, em consequência, sobre a imagem e a educação de crianças pequenas na sociedade. Serviu também para estimular o desenvolvimento do imaginário, recordar dificuldades que levaram ao desenvolvimento da criatividade, à criação/invenção de brinquedos, artifícios infantis para reapresentar o real no contexto das relações familiares da época. As formas pelas quais as crianças podiam verdadeiramente vivenciar sua condição foram temas manifestados nos relatos das colaboradoras:

> *Na pré-escola havia visitas constantes do pároco da igreja. Italiano, forte, austero, exigente e muito simples. Com suas faces rosadas e olhos azuis miúdos, nunca sabíamos se estava bravo ou sério. Em suas visitas, sempre abençoava as crianças, dizendo que Jesus as buscava e que ele as amava e um dia... seriam estas pequenas crianças que iriam governar o mundo (Giovanna – professora/EMEIEF Gabriel Silva Santos).*

Trata-se de imagens ricas de infância, de adultos que a marcaram e de manifestação de necessidades. De memórias que, certamente, contribuem para repensar as ações com as crianças nas instituições infantis de hoje. A infância das colaboradoras foi recordada com saudosismo, com certa comparação com a condição social havida no passado, em que se desfrutava de maior contato com a natureza, por exemplo, experiência quase ausente para a maioria das crianças nos dias correntes. As colaboradoras ressaltaram a importância do lúdico e reconheceram as transformações sofridas pela infância ao longo dos últimos tempos. Lembraram, ainda, as maneiras diferentes de interação familiar no caso dos meninos e das meninas, a rigidez da educação na família e as possibilidades que tinham para viver aquele período particular de sua existência, como podemos observar na narrativa abaixo:

> *Gostava muito de brincar com boneca debaixo do pé de limão que tinha em frente do quintal da bisavó. Morávamos distante da cidade e o leiteiro passava todos os dias de carroça. Ele era muito dócil. Era como um avô que eu não tinha. O que eu mais gostava era o pomar. Ainda posso sentir o gosto, o cheiro da terra e do pasto (Elaine – educadora/Creche Sementinha).*

Essa reflexão se aproxima da definição de socialização primária, que, de acordo com Dubar (1997), associa mecanismos de desenvolvimento das capacidades e de construção de regras e valores provenientes de configurações familiares, da vizinhança, da escola e dos grupos de pares com outras crianças. Dessa maneira, são construídas as primeiras identidades por assimilações e acomodações, que contribuem muito para a constituição de referências culturais que identificarão os grupos de pertença e, posteriormente, de referência.

Para favorecer a compreensão da infância como construção social, as histórias individuais colaboraram nessa reflexão. A infância foi lembrada, na ótica das colaboradoras, pela presença dos adultos, que as acompanhavam e cuidavam afetivamente de suas necessidades próprias de crianças. Algumas moravam em regiões rurais, outras na região onde residiam à época da pesquisa. As histórias individuais trazem a dimensão social das conquistas da infância no país. A inserção no mundo dos adultos pela construção de vínculos, aprendizagens, representações e até pelos pequenos gestos afetivos marcou significativamente esse período de vida, conforme indica a narrativa de uma educadora:

Ficava muito feliz quando minha mãe me levava à escola. Isso era raro, e eu ficava radiante. Como não tinha asfalto, ela me pegava no colo (Ana Beatriz – educadora/Creche Sementinha).

A educadora com idade superior a 40 anos relata não ter cursado pré-escola em razão da quase inexistência, naquela época, dessa modalidade educacional. Aquelas com idade inferior a 40 anos cursaram pré-escola, a maioria na escola pública municipal. Na região do ABCD (local de realização da pesquisa), a exemplo do ocorrido nos municípios de porte médio e grande no país, foi na década de 1970 que se iniciou o investimento que resultou em ampliação da oferta de vagas em pré-escolas de período parcial. Antes desse período, a oferta de vagas era reduzida a poucas salas de aula anexas aos antigos grupos escolares, com duração de um ano apenas (o popular “prezinho”).

À medida que os municípios passaram a assumir o atendimento em pré-escola, a esfera pública estadual pouco investiu em oferta educacional para a faixa etária de 4 a 6 anos. Também a partir da década de 1970, época de maior inserção da mulher no mundo do trabalho, de reivindicações sociais e trabalhistas e, consequentemente, de aumento da demanda por instituições educacionais que atendessem crianças pequenas no período de trabalho dos pais, é que as instituições pré-escolares mantidas pela iniciativa privada foram ampliadas, da mesma forma que um sistema público de pré-escolas municipais foi sendo organizado.

O caráter preparatório dessas instituições, de maneira geral, trazia implícita uma imagem de criança dependente do adulto, compelida a adaptar-se às exigências da escola obrigatória, nos primeiros passos de uma socialização que ultrapassava o âmbito familiar. A concepção de pré-escola que permeava os programas pré-escolares, de maneira geral, pautava-se pela antecipação dos rituais da escola, pelos treinos para o desenvolvimento motor e para a aquisição de habilidades consideradas necessárias ao exercício da leitura e da escrita. Os programas eram desvinculados dos reais acontecimentos históricos e sociais e, sobretudo, dos interesses e necessidades das crianças, ou seja, traduziam um modelo de pré-escola como antessala da escola formal/obrigatória, de características eminentemente monoculturais e centradas na figura do adulto/educador.

Nenhuma colaboradora relata ter vivido, na infância, experiência em creche, mesmo as colaboradoras com idade inferior a 30 anos. Tal registro pode ser explicado porque as creches mantidas por instituições assistenciais e, em um momento posterior, as mantidas diretamente pelos governos municipais são uma conquista recente no Brasil. Em que pese o fato de que o atendimento institucional à infância seja realizado desde o início do século XX, tal serviço esteve sempre voltado para a população mais necessitada, que apresentava risco de vida, e, de maneira geral, caracterizava-se por ser de baixa qualidade. As creches de caráter assistencial, que, em sua maioria, atendiam crianças até 4 anos de idade em período integral, ocupavam-se, usualmente, de cuidar das crianças, garantindo-lhes segurança e proteção durante o período de trabalho dos pais.

Se acompanhar a trajetória feita na escola serve como forma de compreender a qualidade da educação básica, observamos uma ressignificação do que essa escola representou no percurso formativo das colaboradoras, revelando a organização do sistema escolar e as transformações sofridas pelo sistema público de ensino. Para uma professora de pré-escola:

> *Se compararmos à época, acho que era bom, uma educação rígida, diferente da educação de hoje. A minha mãe, minha família nunca foi muito presente na escola comigo. As escolas em que estudei ficavam no bairro, na periferia, então não tive uma educação tão boa assim como nas escolas do centro (Mônica – professora/EMEIEF Gabriel Silva Santos).*

No agrupamento das educadoras de creche, houve pouca referência à qualidade da educação básica. Aludiram a experiências que deixaram marcas condensadas em um modo de ver a escola carregado de significações mais negativas do que positivas, serviram de alguma maneira para conformar uma concepção de educação e de educação infantil. Uma educadora que não frequentou a escola básica no período regular, por conta da necessidade de trabalho e dos afazeres da vida doméstica, mas realizou posteriormente cursos de suplência, relata uma experiência marcante, que trouxe desdobramentos posteriores em sua vida pessoal:

> *Ir para a escola para mim era uma grande expectativa. No início tive boas professoras. Dona Rosinha, por exemplo, era meiga e muito boazinha. Na sequência vivi aquela que posso dizer, hoje, foi a pior e mais desagradável experiência que tive na escola nesse período. A professora chamava-se Letícia, era autoritária, arrogante, tinha um tom de voz agudo. Eu só sentia medo. Quando chamava para ir à lousa, se o aluno não ia, ela ia buscar na base da reguada, do puxão de orelhas e beliscões. Certo dia, ela me chamou à lousa para fazer lição de matemática e uma das continhas estava errada. Nesse dia ganhei tantos gritos e beliscões que a partir daí comecei a inventar tantas dores para não ir à escola, pois não suportava essas torturas. Ela era horrível. Posso fechar os olhos e vê-la novamente com seu rosto manchado por sardas, cabelos penteados para trás, batom sempre vermelho e sobrancelhas finas. Hoje eu tenho várias dificuldades, uma delas é justamente em matemática. Quando tenho que fazer um cálculo e usar o raciocínio lógico, fico muito nervosa (Tina – educadora/Creche Sementinha).*

Com base em suas experiências como crianças/estudantes, as participantes da pesquisa foram solicitadas a refletir sobre a relação existente entre creche e pré-escola nos dias atuais. Todas consideraram haver uma descontinuidade educativa, rupturas, novas adaptações em uma trajetória de desenvolvimento infantil que, de maneira geral, desconsiderava as necessidades das crianças. Essa conjuntura pode representar um choque para uma criança que precisa adaptar-se a novo ambiente sem ter, contudo, preparação para tanto. O diálogo interinstitucional parece ser uma necessidade, existindo algumas experiências de interações positivas nesse sentido, como observado por uma estagiária:

> *Eu acho que as coisas estão começando a mudar. Onde eu trabalho, existe a creche e somente um portão que a separa da EMEI. As crianças da creche utilizam o espaço da EMEI, o que favorece ao menos um contato entre os espaços. A EMEI, espelhando-se no trabalho mais lúdico realizado pela creche, trabalha desde o ano passado com salas ambientes, o que faz com*

> *que perca um pouco daquele espaço simplesmente "escolar", mas, mesmo assim, não existe uma continuação, é uma ruptura e o início de um novo trabalho (Bia – estagiária).*

De fato, uma escola da infância que não hierarquize ações e procedimentos e não as segmente necessita de um profissional capaz de entender a criança em sua dimensão global, o que implica, em consequência, não só uma formação que favoreça essa concepção, mas também a criação de condições estruturais e institucionais que atuem nesse mesmo sentido.

A passagem criança-aluno, constituindo uma realidade significativa na trajetória humana, representa um campo fértil na estruturação dos mundos do imaginário, de maneira especial do imaginário infantil, em que a entrada em cena da aula exige grande capacidade de adaptação por parte da criança. A narrativa de uma educadora, expressando o choque que sentiu, quando criança, na antiga escola primária, é reveladora de como a escola fragmenta o sujeito criança. Novamente, experiências escolares negativas emergem como marcas da trajetória escolar percorrida pelas colaboradoras:

> *Fui para a segunda série primária cada vez mais insegura porque na 1ª série eu ficava na fileira considerada fraca. Percebia que estava lá, mas a professora não me enxergava, não se importava comigo. Lembro que ensinava o que era conjunto, pontos cardeais, sistema solar etc. Hoje entendo por que sou tão indecisa e sempre que ia fazer prova ficava indecisa e apavorada. Então, como era fraca, a professora me reprovou (Ana Beatriz – educadora/ Creche Sementinha).*

As educadoras de creche avaliam como negativa a qualidade da educação básica que tiveram, pois, das três colaboradoras, duas apresentaram dificuldades de acompanhar o ritmo da escola, não contando com o apoio à aprendizagem nos ritmos considerados próprios para cada uma. Terminaram por construir uma imagem de escola associada ao fracasso individual.

No caso das estagiárias, observamos que já procedem a uma análise crítica da escola que tiveram, além da recorrente imagem negativa da instituição, explicada pela distância entre as reais necessidades da infância e as ações escolares, o que significou para elas adentrar na realidade da profissão tendo como prioridade um olhar sobre a criança pequena, conforme podemos vislumbrar na narrativa abaixo:

> *O que me lembro mesmo é da professora de 1ª série que me chamou à lousa e na sala havia mais uma aluna com o mesmo nome que eu, então eu não sabia que era eu que ela estava chamando, então ela disse: "Parece que é burra, estou chamando você!" As outras eram professoras que a gente chamava de tia, figuras mais amenas, carinhosas (Bia – estagiária).*

Encontramos, ainda, nas narrativas, formas descontínuas e, por vezes, enviesadas de garantir e suprir as necessidades infantis que são características da escola tradicional, um misto de severidade e cuidados, maneiras peculiares de a escola tratar a criança, que não podia, à época, viver sua condição. Recebia um tratamento de miniadulto, a ser preparado para o que era considerado importante: a escola formal.

> *Minha experiência na pré-escola, naquela época o parque infantil, me lembro dos desenhos, o que eu mais gostava de fazer era brincar no parque, este, sim, era imenso, com vários brinquedos, muita areia e algumas árvores. Quando cheguei à primeira série, fiquei assustada, porque eu era muito pequena e as carteiras muito grandes, eu nem alcançava os pés no chão e eram muitas carteiras. Tive vontade de chorar, mas fiquei com vergonha (Mônica – professora/EMEIEF Gabriel Silva Santos).*

A memória da infância recuperada pelas colaboradoras retrata as maneiras possíveis de ser criança no Brasil nas últimas décadas e demonstra que as necessidades de outrora não se diferenciam muito das necessidades das crianças usuárias dos serviços de educação infantil atuais. Necessidades afetivas de acolhimento, em um mundo por vezes amedrontador, são manifestadas nas narrativas, seja mediante a seleção dos adultos que marcaram as experiências e, de alguma maneira, se vincularam ao mundo das narradoras, seja ressaltando as necessidades das crianças para o exercício da criação, do imaginário, do movimento da curiosidade, das interações e das transgressões, próprios da infância, seja mediante a presença qualitativa junto à criança. Um olhar para essas necessidades pode alertar-nos para a relação adulto-criança nas instituições de educação infantil e as formas de confinamento a que está submetida a maioria da infância brasileira, o qual, mais do que físico, é cultural, reflexão que colabora para redimensionarmos a educação e os cuidados sem, necessariamente, hierarquizá-los. Nas palavras de Perrotti:

> *A fragilização da infância não decorre apenas da pauperização cultural, mas também das condições impostas pelo confinamento. Diferentemente do que ocorre com os grupos auto-organizados e autogeridos das ruas e da cidade, nas instituições especializadas atuais, os adultos, valendo-se de sua condição etária, definem e procuram impor regras de convivência, de organização, objetivos, estratégias, condutas e modos de atuar. E estes quase nunca coincidem com os interesses não pragmáticos que a infância possa revelar (Perrotti, 1990, p. 96).*

A imagem de escola exposta pelas colaboradoras acentua o modo pelo qual foram formadas na condição de estudantes, com significações mais negativas do que positivas, associadas, em geral, ao fracasso individual e à perspectiva histórica de criança como um vir a ser, conquanto produzam marcas com grande potencial formativo quando apropriadas e ressignificadas. Algumas educadoras trazem imagens positivas, porém a maioria registra uma imagem veiculadora de uma dimensão pessoal e singular de fracasso.

Tais reflexões podem contribuir para uma maneira diferente de olhar a criança, a educação infantil e o ofício de professoras de educação infantil mediante a consideração de sua vivência como criança e adolescente que fez parte de uma instituição educacional. Trata-se de um olhar voltado para a própria existência, de experiência ressignificada e do sentido das teorias apreendidas em seu processo formativo.

Nesse percurso carregado de significações sociais, familiares e escolares, como as colaboradoras justificaram sua inserção profissional na área da educação e da educação infantil? As razões por elas aduzidas podem favorecer a compreensão das identidades profissionais.

4. Razões da "escolha" profissional: os fios condutores da formação

Nas relações construídas no mundo do trabalho, sobretudo no momento histórico presente, seria difícil afirmar que existe a possibilidade de haver "escolha" profissional para a maioria da população brasileira, especialmente para sua parcela mais empobrecida. No caso da profissão em questão, do ofício de educar e cuidar de crianças pequenas em instituições de educação infantil, essa formação está diretamente relacionada às transformações do mundo do trabalho, do papel da mulher e das conformações de ocupações compreendidas e naturalizadas como profissões do universo feminino, conforme já assinalamos, ao apontar as relações de gênero como a base de definição da identidade profissional de professoras de educação infantil. Adicionamos a essas considerações a afirmação de Dubar (1997, p. 235), que compreende identidade profissional como "construções sociais que implicam a interação entre trajetórias individuais e sistemas de emprego, sistemas de trabalho e sistemas de formação".

A existência do trabalho e do emprego configurava a profissão dos(as) professores(as) de pré-escola. É somente ao final da década de 1980 e início da década de 1990 que observamos uma preocupação com a formação e com políticas públicas de formação para os profissionais que trabalhavam em creches e não possuíam a escolarização necessária: o Magistério para o trabalho com a educação infantil. Sendo assim, a profissão de professores(as) de educação infantil em creches é conquista recente.

Para as estagiárias, a opção pelo curso de Pedagogia e pela habilitação em Educação Infantil apresenta-se como uma possibilidade de inserção profissional no trabalho docente com crianças pequenas. Isso se deve em muito à atual exigência legal de licenciatura plena em nível superior para a atuação docente em qualquer nível de ensino. É nesse cenário multifacetado que se produzem, então, as identidades profissionais que tencionamos analisar.

No caso das estagiárias que voltaram a estudar após um período de afastamento, em virtude do casamento e da educação dos filhos, é possível constatar, a despeito dos contextos familiares parecidos, o caráter singular do lugar desde o qual cada estudante fala. A opção pelo curso de Pedagogia deveu-se, com maior frequência, às questões de gênero, à influência de amigos e/ou familiares, à possibilidade de ser professora e ao fato de ser um curso que lhes traria maior significação pessoal.

> *Fui fazer vestibular para Pedagogia e não tinha esperança de passar porque considerava que não tinha feito uma boa escola básica. Passei e cursei até quase o último ano, quando me casei e abandonei os estudos. Depois vieram os filhos. Após alguns anos, quando as meninas já estavam grandinhas e estudavam pela manhã, voltei a estudar e reiniciei o curso. Muitas coisas aprendi neste curso. Já não sou mais adolescente, levo as coisas mais a sério e comecei a observar outras que antigamente achava naturais, como o fato de discordar da filosofia e metodologia utilizadas na escola de minhas filhas (Gabriela – estagiária).*

A opção profissional realizada numa trajetória simultânea de estudos e trabalho, situação comum a grande parte da população brasileira, que finaliza a escola básica à custa de muito esforço e dedicação, põe novamente em foco experiências de inadequação e/ou insucesso na escola, atribuídas pelas colaboradoras à dimensão pessoal. Parecem ficar em segundo plano, nessa percepção, a própria instituição escola e o sistema educacional seletivo e excludente, num contexto específico do mundo do trabalho, como podemos observar nos caminhos trilhados até a "escolha profissional" de uma estagiária:

> *No colegial quase não conseguia acompanhar as aulas, pois estava sempre cansada. Trabalhava em São Paulo em um escritório contábil e, ao final do ano, já não estava estudando mais e sentia-me aliviada por chegar cedo em casa e poder assistir novelas à noite, assim como faziam todos na minha casa. Mas aquela situação me deixava indignada e fui fazer o curso supletivo. Depois fui trabalhar em uma agência de publicidade e em uma indústria. Anos mais tarde fui realizar um trabalho voluntário em uma creche filantrópica em São Bernardo do Campo, percebi então minha aptidão para*

> *trabalhar com crianças. Com as crianças eu via o retorno do meu trabalho, então passei a ter certeza de que essa é a carreira que eu quero (Maria da Conceição – estagiária).*

Com efeito, estudos e trabalho, para parcela expressiva de brasileiros, conformam-se como uma maneira possível de encaminhar-se a uma profissão significativa em um percurso que carrega as marcas não só das histórias individuais, mas também da história coletiva das mulheres e da área da educação em nosso país.

As professoras da pré-escola definem os motivos pelos quais "optaram" pelo trabalho com crianças em creches, percorrendo vários caminhos até a definição profissional, de acordo com os limites econômico-sociais estabelecidos:

> *Fui fazer contabilidade, pois era o que estava mais próximo das minhas possibilidades. Quando estava terminando o curso, percebi que não tinha nada a ver comigo. Na mesma escola tinha o curso de extensão de Magistério, era só fazer algumas adaptações de matérias, então eu fiz e gostei do Magistério. E me encontrei mais ainda quando estava fazendo o estágio na pré-escola. Aí eu já me defini mesmo. Nessa época eu trabalhava em uma empresa da região, na área da produção, das seis horas da manhã às quatorze horas e estava noiva já para casar. Depois fiz Pedagogia e já ingressei na Prefeitura Municipal como professora. Naquela época não tinha concurso público, me lembro de ter feito uma prova e depois ter sido indicada para trabalhar (Mônica – professora/EMEIEF Gabriel Silva Santos).*

Ser professor(a) de educação infantil representou, para a maior parte do grupo, a opção por uma profissão de nível médio que lhes possibilitou a inserção no mundo do trabalho e, em muitos casos, serviu para complementar a renda familiar e também como uma maneira de concluir a escolarização básica.

Para a maioria, razões ainda reconhecidamente vinculadas à vida privada, como a influência de amigos e familiares e a condição de trabalhadoras-estudantes, a fim de dar conta da sobrevivência financeira, configuraram as "opções" pela área da educação infantil. Para além das histórias individuais, a história da educação infantil também se constrói nesse cenário de ambiguidades e tem como base as relações de gênero, como maneiras socialmente permitidas de as mulheres exercerem uma profissão na esfera pública.

5. O exercício profissional: ver e ver-se

Para a análise do exercício profissional, buscamos compreender dois aspectos tidos como relevantes: as ações de Formação Contínua atualmente desenvolvidas pelas duas instituições pesquisadas e a identificação, por parte das colaboradoras, dos limites e possibilidades pessoais no trabalho com crianças pequenas.

Possibilitar-lhes olhar para a profissão de professor(a) de educação infantil de forma reflexiva, a fim de dimensionarem as nuanças pessoais e sociais, ou seja, o modo pelo qual cada uma se via no trabalho, e, em consequência, apreciarem de maneira crítica o modo pelo qual a sociedade via essa profissional, era nossa intenção. Os saberes exercidos na prática, as expectativas profissionais, a reflexão sobre como gostariam de ser educadoras de crianças pequenas, não descuidando da reflexão sobre as condições de trabalho em creches e pré-escolas, foram temas que colaboraram na dupla possibilidade de ver e ver-se. Além deles, as formas de entendimento da Formação Contínua, desenvolvidas dentro e fora das instituições e dos limites e possibilidades pessoais e institucionais para o trabalho com crianças pequenas na educação infantil, ajudam-nos a emoldurar o quadro do exercício profissional.

O que um(a) professor(a) de educação infantil precisaria saber para exercer bem seu ofício? Quais seriam os saberes necessários para esse exercício profissional? Do ponto de vista das estagiárias, parece ser importante cultivar um misto de maternagem, de conhecimento sobre o desenvolvimento infantil, de atualização na área, de reflexão sobre a prática, de consciência e responsabilidade profissional, gostar do trabalho e de crianças, ter sensibilidade para perceber suas necessidades, dar visibilidade do trabalho às famílias e à sociedade, ter sólida formação teórica e prática, ser aberta a novas aprendizagens e ter capacidade para mudar – saberes esses em parte desenvolvidos nas instituições de formação e, em parte, na prática profissional. Nesse caso, as ações de Formação Contínua podem potencializar maneiras de aprimoramento e até de transformação dessas práticas.

Garcia (1992) reafirma esses mesmos propósitos reflexivos ao retomar os ideais de J. Dewey nos anos 1930, apontando pelo menos três atitudes que contribuiriam para a condição reflexiva dos professores: *mentalidade aberta* (ausência de preconceitos e parcialidades); *responsabilidade intelectual* (capacidade de considerar as consequências de um passo projetado, assumindo-as segundo a posição previamente adotada, e a procura dos ideais educativos e éticos da própria conduta docente); *entusiasmo*, como predisposição para enfrentar a atividade com curiosidade, energia, possibilidade de renovação e de luta contra a rotina.

Observamos, nas narrativas das estagiárias, uma assimilação do discurso pedagógico como forma de identificação com o perfil desejado do(a) pedagogo(a) a ser formado(a). Ainda quanto aos saberes necessários ao exercício profissional, as educadoras de creche, por sua vez, relataram também a importância da maternagem, da transmissão de segurança para a criança, ressaltando os aspectos afetivos na formação da criança pequena e a necessária relação com suas famílias.

Sabemos que a afetividade e a qualidade dos vínculos construídos entre a educadora, a criança e suas famílias são muito importantes. Ao se supervalorizarem, porém, aspectos ainda relacionados à guarda e à proteção, parecem ficar em plano inferior as intenções mais reconhecidamente do âmbito da educação (no sentido amplo) e da Pedagogia (no sentido restrito). Fica explicitado, assim, o tipo de saber desenvolvido pelas educadoras de creche, os saberes da prática, associados à experiência concreta de trabalho que, segundo Dubar (1997), se apresenta como estruturante das identidades profissionais.

Aspecto importante mencionado pelas educadoras de creche como saberes necessários aos(às) professores(as) de educação infantil e não identificado pelas professoras de pré-escola é a relação com as famílias das crianças. No caso das creches, evidencia-se um percurso de trabalho com as famílias que surgiu e se consolidou como uma resposta às necessidades da mulher e das relações comunitárias, que tem sua origem no campo da assistência social. Por outro lado, a pré-escola parece ter mantido distância nesse sentido, apresentando similaridade com a maneira com que a escola (formal) se relaciona com as famílias. Com efeito, concentra suas ações no trabalho em aula com crianças que, por serem maiores (na faixa etária de 4 a 6 anos) – entre outros fatores –, dispõem de maior independência e capacidade de comunicação e expressão se comparadas às atendidas em creches, que necessitam dos pais como interlocutores em um ambiente diferente do familiar, o que requer um processo adaptativo maior da parte de todos os envolvidos.

Além dessas razões, as creches assistenciais sempre organizaram programas de auxílio às famílias, tendo-as como parceiras e copartícipes no trabalho. Rosemberg (1984), em pesquisa sobre os programas de creches mantidos durante os governos militares no Brasil, demonstrou serem eles tributários da concepção ideológica da época, ou seja, orientados para a educação da população mais pauperizada, tendo em vista sua submissão e não sua emancipação, o que dificultava a gestão participativa das famílias. Desse período até os dias de hoje, muito já se fez em prol da efetiva participação da população em tais ambientes institucionais, mas sabemos também que estamos longe de entender o exercício da participação na perspectiva de uma gestão coletiva.

Essas considerações possivelmente indicam que a matriz da pré-escola pública, que tem como origem as necessidades da escola básica e determinada concepção de aluno, privilegiou uma forma de relacionar-se com as famílias própria do sistema escolar, com pouca proximidade e participação familiar na gestão da escola.

Parece ficar manifesta, nesse caso, uma difusa compreensão da função social da educação infantil, da organização do trabalho educativo e pedagógico e do papel do(a) professor(a) de educação infantil nesse cenário. Podemos atribuir tal fato, pelo menos em parte, à forma em geral centralizada e descontínua de as diretrizes educacionais nacionais serem definidas, já que não acompanham os ritmos de apreensão e construção próprios dos(as) educadores(as) nem contemplam o atendimento de suas necessidades de formação. Ficamos, portanto, com uma primeira impressão de que o(a) professor(a) de educação infantil – sendo consequência de uma mistura de teorias novas e antigas e, por vezes, desprovido(a) de condições para analisá-las numa perspectiva que possa fazer sentido às suas práticas – segue reproduzindo ações que têm como referência ora modismos pedagógicos, ora experiências precedentes como estudantes na escola.

Formas de ver-se na profissão diferenciadas no caso dos agrupamentos de creche e de pré-escola também aqui têm lugar. As educadoras de creche pareciam priorizar aspectos ligados aos cuidados em detrimento de aspectos educativos. Sabemos da indissociabilidade entre um e outro, pois, quando se cuida, se educa, e vice-versa. A priorização de um ou outro evidencia, na realidade, a visão daquele grupo sobre a função social do atendimento institucional, assim como a respectiva imagem de criança. As professoras de pré-escola assumiam uma atitude mais abrangente perante as concepções de educação, de direitos e até de cidadania e salientaram as relações presentes no cotidiano de trabalho com crianças pequenas.

Quanto às expectativas sobre a profissão de professores(as) de educação infantil, as estagiárias disseram querer desenvolver bem seu ofício, inserindo-se no mundo do trabalho, na área profissional, desejo de todo(a) estudante ao finalizar o período de estudos. As educadoras de creche desejavam a valorização profissional, mudar de área de trabalho, conseguir transmitir hábitos e valores para a criança pequena, o que evidencia a provisoriedade da profissão e certa insatisfação com o desprestígio profissional que a classe tem hoje em nossa sociedade.

Também as professoras de pré-escola não apresentavam expectativas motivadoras: ao lado da preocupação com a melhoria da preparação das crianças para o ensino fundamental, no sentido de não deixar lacunas em sua formação – formas características de um modelo de pré-escola preparatória –, apontaram, ainda, a necessidade da melhoria das condições de trabalho (ambiente físico, de relações e material) e do reconhecimento profissional.

Quando não ocorre um paralelismo na forma pela qual seu trabalho é avaliado, evidencia-se um vazio na identidade profissional dessas educadoras. A esse respeito, podemos situar um aspecto fundamental referente à construção da identidade:

> *Em termos interacionistas, o reconhecimento é o produto de interações positivas entre o indivíduo visando a sua identidade real e o outro significativo que lhe confere a sua identidade virtual; o não reconhecimento resulta, pelo contrário, de interações conflituais, de desacordos entre identidades virtuais e reais (Dubar, 1997, p. 236).*

As participantes da pesquisa desejam, de fato, ser professoras de educação infantil? Parece ficar explícito nas narrativas que as estagiárias e professoras de pré-escola se identificam com a profissão e desejam assumi-la. As professoras de pré-escola aparentam atravessar um momento de consolidação profissional, resultado de maior explicitação da profissão nos meios educacionais, ao passo que a creche ainda se encontra em fase de estruturação nessa área. O contraste parece justificar o sentimento das educadoras de creche sobre encontrarem-se em um terreno ainda muito árido, numa atividade transitória, que poderá ser substituída tão logo tenham a possibilidade de exercer outra atividade profissional, seja na área da educação ou não.

Se relacionarmos as expectativas quanto à profissão ao tempo de trabalho na educação infantil, parece ficar evidente que a desmotivação verificada em educadoras de creches assistenciais com, no máximo, três anos de exercício profissional justifica-se, entre outras razões, pela grande mobilidade de pessoal e pelas condições desfavoráveis de trabalho nessas instituições. Vale lembrar que existem diferenças entre as creches públicas e assistenciais no que se refere às condições de trabalho, como carga horária e salários, entre outros fatores.

Oliveira-Formosinho (1998) e Sarmento (2002), autoras já citadas, observaram, em pesquisas similares sobre o ciclo de vida profissional de educadoras de infância, uma fase inicial caracterizada por grande insegurança e incertezas, seguida de outra, mais longa, de consolidação da segurança e de maturidade profissional. Tais constatações também foram feitas por outros autores, tratando-se do exercício docente. Huberman (1995), em estudo sobre a carreira docente, mapeia uma série de "sequências" ou "maxiciclos", a existência de uma curva de expansão e de recuos ao longo da vida profissional. O autor situa esse processo desde a entrada na carreira, a chamada fase de descobertas, de exploração, de tateio, dos anos iniciais, em que se guarda estreita relação com os parâmetros impostos pela instituição, distinguindo depois uma fase de estabilização, de consolidação de um repertório pedagógico. A fase subsequente é a da diversificação, do ativismo e do questionamento, seguida ou acompanhada por uma fase de serenidade (em paz e com tranquilidade, resultado do domínio da situação pedagógica, porém sem o entusiasmo de outros tempos) e de distanciamento afetivo, caracterizada pelo conservadorismo ou pelo desinvestimento – um balanço comparativo entre as realizações efetivadas e as que deveriam ter sido de acordo com as expectativas sociais envolvidas.

Tais ciclos, em que pese o fato de configurarem uma ideia de curva descendente, são importantes para a compreensão dos movimentos que os permeiam e podem ajudar-nos a refletir sobre os processos de construção de identidades profissionais, os quais sabemos não ser lineares nem tampouco totalmente previsíveis. Os contextos de trabalho, as condições institucionais, profissionais e pessoais para o exercício da profissão e o lugar que esta ocupa na sociedade, entre outros fatores, são igualmente necessários nessa análise.

Parece haver, no que se refere à expectativa das colaboradoras, um clamor pelo reconhecimento, o desejo de que a profissão de professoras de educação infantil seja identificada socialmente por um *status* que até então parece não ter atingido. Se, para as educadoras de creche, a questão se apresentava mais pela via da insatisfação, tal situação, para as professoras de pré-escola, foi retratada pela falta de motivação, resultado de uma organização institucional que aparenta não privilegiar mudanças, por haver certa cristalização da função preparatória da pré-escola e por existir, provavelmente, uma organização verticalizada do trabalho pedagógico, o que pode levar a um isolamento profissional que dificulta a construção de relações profissionais colaborativas.

Uma saída encontrada pelas colaboradoras foi a parceria com colegas com quem tinham afinidade de pensamento. Trata-se de maneira de fugir do confinamento institucional e, ao mesmo tempo, uma alternativa de reflexão e de produção intelectual, reduzindo ressentimentos e produzindo formas possíveis de relacionamento e de dar sentido à atividade profissional.

No que concerne ao ambiente de trabalho, uma professora destacou as mudanças que a pré-escola vem sofrendo, com repercussão direta nas relações interpessoais entre os(as) educadores(as). Vale lembrar que, no município pesquisado, com a inclusão do primeiro ciclo do ensino fundamental às EMEIs, depois denominadas EMEIEFs, houve uma alteração substancial de rotinas e formas de relação entre crianças, educadores(as), funcionários e famílias; mostrou-se necessária a construção de um olhar sobre a infância não hierarquizado nem segmentado, o qual, como sabemos, não surge por determinação oficial, mas sobretudo pela reflexão sobre as práticas, pela "leitura" do ambiente institucional, observando a qualidade das relações interpessoais ou institucionais ali presentes ao identificar as concepções que lhes dão suporte. Nas palavras da professora:

> EMEIs: Escolas municipais de educação infantil.

> EMEIEFs: Escolas municipais de educação infantil e ensino fundamental.

> *Temos muita dificuldade em trocar com as colegas. Eu trabalho muito com outra professora, pensamos iguais, planejamos e fazemos algumas atividades juntas. Antes a gente tinha um grupo mais unido, tinha mais afinidades, a gente conversava mais. A gente parava na sala dos professores e conversava. Com o tempo isso foi se perdendo, a gente se relaciona com quem*

> *tem mais afinidades. Acho que falta um rosto de "bom dia!" Acho que antes a gente tinha mais tempo pra fazer isso, agora parece que não... (Mônica – professora/EMEIEF Gabriel Silva Santos).*

Perrenoud (1999) acentua esse aspecto, ao considerar que o trabalho dos(as) professores(as), a despeito das mudanças sociais, evolui lentamente, obedecendo a uma trama estável, com condições de trabalho e cultura profissional instaladas em rotinas, e impedindo, dessa maneira, inovações no cotidiano das escolas.

Outro fato apontado pelas professoras é a falta de autonomia da escola e a perda da qualidade da escola pública:

> *Eu vejo como o maior prejuízo de qualquer política pedagógica a falta de autonomia das escolas. Isso gera um descompromisso, um estresse muito grande, que as pessoas estão perdendo até sua identidade pessoal, porque não se pode fazer nada. Você pega quase mil professores na rede pública e pergunta quem tem filho aqui. A grande maioria não coloca seu filho nas redes públicas de maneira geral. Então isso quer dizer que a pessoa não confia no próprio serviço que faz (Paula – professora/EMEIEF Gabriel Silva Santos).*

A gravidade da situação retratada por essas observações é evidenciada quando procuramos compreendê-las como expressão de uma autoimagem docente quase depreciada, corroborada pelos anseios e desejos estimulados pela sociedade de consumo, que massifica comportamentos e esvazia o caráter do que é público. Parecem dificultadas, nesse caso, a noção de pertença a um grupo profissional, a construção de relações de afinidades e, em consequência, a construção da identidade profissional. Querer compreender, saber mais, investigar o trabalho constituem as expressões de pertença a uma categoria profissional concebida como um sistema de saberes específicos, que necessitam ser relacionados com os conhecimentos teóricos.

Para Dubar (1997), as configurações identitárias típicas podem ser associadas a momentos de uma biografia profissional ideal cujas etapas são a *formação inicial* – momento da construção da identidade profissional –, a *consolidação da identidade* – momento da inserção na carreira, de sua aquisição e do reconhecimento da identidade, sujeita ao acesso a responsabilidades na empresa – e, por fim, o *envelhecimento* e a *passagem ao final da carreira* – a aposentadoria profissional. Estão presentes, nesse percurso, temporalidades distintas relacionadas a tipos de saberes privilegiados estruturantes da identidade.

O autor apresenta quatro tipos de saberes encontrados nas identidades profissionais. Em primeiro lugar, os saberes práticos, estruturantes das identidades profissionais porque ligados à experiência concreta de trabalho. Tais saberes entram em conflito com o modelo de competências tão difundido atualmente. Em segundo, viriam os saberes profissionais, que implicam articulações entre os saberes práticos e os saberes técnicos, também ameaçados na nova lógica de organização do trabalho. Seguem-se os saberes de organização, que, articulados aos saberes práticos e teóricos, se alinham à identidade da organização institucional, implicando mobilização e reconhecimento, e se associam à ideia de responsabilidade. Por último, viriam os saberes teóricos.

É possível tentar identificar como as participantes da pesquisa se situam entre esses saberes. As estagiárias encontrar-se-iam na porta de entrada da construção da identidade profissional, na formação universitária e em seu percurso formativo, pois traziam uma carga de representações e significações da profissão, além de terem muita informação teórica e estarem plenas de busca de sentido na prática. As educadoras de creche situar-se-iam no âmbito dos saberes práticos, e as professoras de pré-escola poderiam alinhar-se entre os saberes profissionais e os da organização. Os saberes teóricos pareciam estar em segundo plano no caso tanto das educadoras de creche quanto das professoras de pré-escola. Essa pretensa subestimação dos saberes teóricos necessita ser "lida" pelas instituições formadoras a fim de buscar uma maneira de formar que articule teoria e prática, conferindo a esta última um estatuto diferenciado que permita a inserção na realidade da profissão e o surgimento de saberes que só poderão ser construídos naquele ambiente de trabalho e produzidos na dialética de uma práxis profissional.

No processo reflexivo de ser e estar na profissão, como o(a) educador(a) pensa a si mesmo(a)? Ao fazer tal pergunta, Arroyo responde com novas indagações, carregadas de novas perspectivas sobre a profissão e a categoria docente. Para ele:

> *Dói a imagem de professor que carregamos, a imagem de professor que a mídia e os governantes projetam sobre os mestres da escola básica. E nossa autoimagem é menos doída? Sabemos bastante o que pensam sobre os professores seus governantes, as políticas de renovação curricular e as propostas dos centros de formação e requalificação. São as imagens dos outros, projetadas sobre o magistério. E nossa imagem e autoprojeção? Como a categoria pensa a si mesma? No espelho dos outros ou no próprio espelho? (Arroyo, 2000, p. 13).*

A possibilidade de ver a profissão de professores(as) de educação infantil e ver-se como professor(a) nesse contexto traz imbricadas a imagem interna – o olhar produzido individualmente – e a imagem externa – a forma pela qual a sociedade vê a profissão. E é nesse emaranhado que as identidades se vão desenhando. A forma pela qual tais profissionais se veem como professores(as) de educação infantil pode apontar-nos os saberes que estão sendo construídos nessa área. Atenção, observação, segurança, amor, paciência e alegria compõem a visão das educadoras de creche sobre si mesmas no trabalho com as crianças. Consideramos tais atributos, associados aos cuidados com a criança, indispensáveis para o trabalho com crianças pequenas, porém não suficientes. Observemos a narrativa seguinte, que os enfatiza:

> *Acho que eu sou atenciosa, observadora, tento olhar as necessidades da criança naquele momento. Tento passar segurança para ela, porque senão a criança capta as nossas fragilidades, os medos (Tina – educadora/ Creche Sementinha).*

Evidencia-se a necessidade de uma formação dos(as) profissionais de creche que supere os modelos vigentes, resgatando e qualificando os saberes das práticas de cuidados e os saberes construídos na relação com as famílias junto a outros saberes igualmente importantes, como aqueles derivados do acesso aos bens e produtos culturais e os saberes da área da educação infantil – caracterizados pelas contribuições teóricas das ciências da educação, em geral, e, particularmente, dos estudos relativos à infância –, aliados a uma maneira de compreender suas culturas, suas formas de inserção no mundo.

Subjacentes aos saberes da prática, estão ainda os desejos manifestados pelas educadoras/professoras de educação infantil em relação à profissional que gostariam de ser. A fim de desenvolverem uma reflexão sobre como gostariam de ser professoras de educação infantil, as estagiárias salientaram o envolvimento com a criança (a inserção em seu mundo), buscando entender suas necessidades e a organização do trabalho em instituições de educação infantil que viesse aliar a educação e os cuidados.

As educadoras de creche gostariam de ser menos emotivas, pois julgavam que se envolviam muito emocionalmente com as crianças e suas famílias. Apresentaram anseios de ampliar seus conhecimentos sobre a infância e ressentiam-se da falta de recursos materiais para o trabalho, ficando reconhecidos os limites institucionais e profissionais existentes. A esse respeito, consideramos que os atributos de ordem emocional são importantes no exercício profissional com crianças pequenas em razão da singularidade das relações, sobretudo o vínculo adulto-criança. Cabe, porém, ressaltar que a história institucional das creches no Brasil se valeu em muito de uma noção romântica de criança, aproximando-se de uma concepção de creche compensatória das carências, o que dificultou uma compreensão mais ampla dos direitos da criança pequena e, consequentemente, do(a) profissional que atuaria junto a ela.

O anseio de saber mais sobre a criança evidencia uma lacuna na formação profissional das professoras de educação infantil que merece destaque. O pensamento caracterizado pelo senso comum, próprio das educadoras leigas em creche, que não tiveram a oportunidade de realizar estudos nessa área, necessita dar lugar a outro tipo de pensamento por meio de ações de formação profissional efetivas, baseadas em atitudes e procedimentos científicos e no acúmulo de trabalho teórico/prático desenvolvido nas últimas décadas sobre a infância e as crianças pequenas em ambientes coletivos. A perspectiva legal que regula o trabalho dessas profissionais garante o acesso a esses saberes.

A formação profissional relaciona-se com a necessidade das instituições que atendem crianças pequenas de superar a concepção de cunho assistencial, a fim de buscar uma forma de relação com as crianças como crianças, sujeitos de direitos, independentemente de serem pobres e, em consequência, alvo de políticas compensatórias.

Ainda sobre como gostariam de ser professores(as) de educação infantil, as professoras de pré-escola expressaram o desejo de ser mais competentes, de haver trabalho coletivo na escola, ampliando as relações humanas no interior da unidade, e de desenvolver mais atividades ligadas ao corpo e ao movimento da criança, embora reconhecessem as limitações de espaço físico existentes nas escolas de educação infantil. Tal postura evidencia algumas dimensões da competência para atuar com crianças pequenas e ainda uma reflexão crítica sobre certo isolamento existente nessas instituições, observado na baixa qualidade das relações interpessoais, e sobre uma concepção de ensinar que privilegia aspectos puramente cognitivos em detrimento do desenvolvimento global da criança – problemas presentes no modelo de pré-escola preparatória à escola formal.

A perspectiva de atuação coletiva que, de fato, venha a satisfazer as necessidades das professoras de pré-escola na unidade educacional apresenta-se como tema recorrente. O frequente uso do termo "competência" por parte das colaboradoras, mais do que sua apropriação indiscriminada pelos meios educacionais atuais, indica a necessidade delas de aprimoramento profissional, ao reconhecerem que a qualidade do trabalho realizado poderia ser melhorado e que a instituição educacional (tanto no caso das creches quanto no caso das pré-escolas) tem papel importante em seus processos formativos, para além dos cursos e das atividades de Formação Contínua promovidas pelos órgãos responsáveis.

O desenvolvimento integral da criança, passando pela necessidade de práticas ligadas ao corpo e ao movimento, e as dificuldades de organização do espaço físico e de atividades que atendam às reais necessidades da criança pequena foram também assuntos identificados pelas estagiárias e problematizadas por meio do estágio junto às professoras. Parece-nos que um ambiente organizado na forma dos rituais e procedimentos escolares está longe de atender as crianças pequenas em suas mínimas necessidades, manifestadas tanto pelas educadoras de creche e professoras de pré-escola quanto pelas estagiárias.

Com relação à Formação Contínua, desenvolvida por ações de iniciativa pessoal ou institucional, as estagiárias relataram a participação em eventos que promoviam maior compreensão da realidade em que iriam atuar profissionalmente e a aplicação prática, acentuando essa dimensão na formação. As educadoras de creche disseram frequentar cursos organizados pela instituição mantenedora ou propostos por outras instituições.

As professoras de pré-escola sobressaíam na busca por autoformação, dando continuidade aos estudos em nível de pós-graduação (especialização e mestrado) e em cursos de extensão cultural, também os oferecidos por outra municipalidade, além da frequência obrigatória a cursos promovidos pela Prefeitura Municipal. Quanto a estes últimos, as professoras afirmaram que nem sempre atendiam às demandas do cotidiano de trabalho com as crianças, como podemos observar na narrativa a seguir:

> *Acho que são proporcionados eventos e cursos desvinculados do interesse do professor, quer dizer, eles não enfocam diretamente aquilo de que o professor tem necessidade. Então a gente vai buscar fora (Paula – professora/ EMEIEF Gabriel Silva Santos).*

Acerca das Necessidades Formativas em programas de formação docente, vale destacar os estudos de Rodrigues e Esteves (1993), que apresentam três tipos de modelos utilizados na análise de necessidades nessa formação. O *modelo de discrepâncias* identifica, por meio de um diagnóstico, o que é a educação ou como ela se apresenta em determinado momento, apontando um caminho para o que deveria ser. A crítica feita a esse modelo é que não atinge as causas das necessidades docentes, pois atua diretamente sobre as intenções dos(as) gestores(as) das políticas de formação, prescindindo daquele que é objeto dessas políticas, o(a) próprio(a) professor(a). Outro modelo, denominado *modelo de marketing*, põe à disposição dos(as) professores(as) os saberes de forma adaptada às suas necessidades, buscando as satisfações dos desejos e necessidades desses(as) profissionais. O *modelo de tomada de decisões* parece ser o modelo mais próximo de uma perspectiva de formação fundamentada na crença de que os(as) professores(as) devem ser os(as) protagonistas de seu processo formativo. Nesse caso, ocorre uma modelagem do problema, seguido de busca de soluções pelo grupo e de síntese na forma de ordenamento das necessidades.

Parecem estar vigentes, nas ações formativas tanto para a creche quanto para a pré-escola, os modelos de discrepâncias e de *marketing*, que não colaboram com o protagonismo e a autonomia dos sujeitos envolvidos, pelo fato de ora objetivarem a formação ideal, na perspectiva dos(as) gestores(as) desses programas, ora focalizarem as Necessidades de Formação mais imediatas dos(as) educadores(as), desvinculadas de um projeto maior de educação infantil e da instituição educacional em que eles(as) atuam.

Chamamos a atenção para o aspecto da racionalidade técnica e da prescrição presente nas narrativas das colaboradoras. A ideia que parece guiar as educadoras das duas instituições a respeito dos procedimentos de formação é que, fazendo cursos que possam ser autoaplicáveis à prática, haveria, consequentemente, a melhoria da qualidade no trabalho com as crianças. Qual seria a origem dessas crenças? Teriam os cursos de Formação Universitária contribuído para produzi-las? Sabemos que os cursos que formaram esses(as) professores(as) e mesmo a formação para a docência na educação básica, até muito recentemente, no Brasil, foram pautados por tais perspectivas, limitando vivências que pudessem ampliar a relação dos(as) estudantes e dos(as) próprios(as) docentes com o conhecimento e articular a relação entre teoria e prática na inserção de trabalho profissional em instituições de educação infantil.

A avaliação das professoras sobre a qualidade dos cursos por elas frequentados parece trazer à tona questões da formação profissional que se apresentam desvinculadas da realidade institucional, pois, como tivemos a oportunidade de observar por suas narrativas, os cursos oferecidos às duas instituições assinalam a distância existente entre as necessidades destas e as definições dos órgãos centrais.

Quanto às ações de formação e de organização do trabalho levadas a efeito em instituições de educação infantil, as educadoras de creche afirmaram que, inicialmente, o Projeto Pedagógico era feito por apenas uma pessoa e se apresentava como um instrumento burocrático. Nos dois últimos anos, tendo como base o RCNEI, as orientações para o trabalho pedagógico e as ações de planejamento foram sendo sistematizadas, o que resultou no desenvolvimento do registro e da avaliação do trabalho com as crianças.

> Referencial Curricular Nacional de Educação Infantil, documento elaborado pelo Ministério da Educação que, a exemplo dos Parâmetros Curriculares para os ensinos fundamental e médio, aponta referências para a organização do trabalho em creches e pré-escolas.

As professoras de pré-escola enfatizaram a descontinuidade do trabalho pedagógico na unidade; manifestaram que as ações de formação, tanto internas quanto externas à unidade educacional, não atendiam às necessidades dos professores e relataram com pesar a impessoalidade presente nas relações institucionais. Quanto à construção do Projeto Pedagógico da unidade, as ações eram, a seu ver, descontínuas, pois a falta de envolvimento do pessoal, de recursos e de materiais chegava a inviabilizar algumas inovações pretendidas; consideravam insatisfatórias as formas de avaliação do trabalho institucional e do desenvolvimento e aprendizagem da criança.

Percebemos os momentos distintos dos dois segmentos. No caso da creche, a exigência de planos e projetos para uma organização educacional e pedagógica é recente, consequência da determinação legal para que se insira no âmbito da educação e não mais da assistência social.

Já na pré-escola, supostamente tal exigência representa uma tradição, parte da cultura escolar, o que não quer dizer que não necessite de reflexão e redimensionamento.

A tradição, para Sacristán (1999), é conteúdo e método da educação. Reconhecer o valor da tradição ou da cultura acumulada não significa ser tradicionalista. Além disso, destaca a importância da reflexão sobre a prática como reprodutora das regularidades nas quais foram geradas, requerendo, para tanto, a sobrevivência de um passado ativo e reativado. Para Sacristán, toda atividade prática implica orientação do conhecimento, e a atividade teórica que pretenda exercer influência sobre as práticas educativas somente poderá consegui-lo mediante a influência sobre os modelos de referência teórica que as sustentam. O autor ajuda-nos a compreender a complexidade do exame das práticas educativas e pedagógicas. No nosso caso em estudo, as práticas observadas em creches e pré-escolas necessitam ser examinadas à luz dos modelos de referência teórica que lhes dão sustentação, modelos originários de lugares, filiações e caminhos diferentes.

Nas manifestações das professoras de pré-escola, está patente a necessidade de formação e de acompanhamento do trabalho na unidade, situação em que as ações de planejamento podem desempenhar papel significativo. Um trabalho de Formação Contínua que privilegie a construção coletiva dos(as) educadores(as), passando pela identificação de suas Necessidades Formativas, pela problematização e pelo domínio de instrumentos pedagógicos, ferramentas indispensáveis para o saber fazer, revela-se essencial para o segmento das professoras de pré-escola.

Também o estágio curricular aparece como uma alternativa importante para a Formação Contínua de professores(as) de educação infantil. Ao adentrar o universo institucional e ter contato com as práticas em creches e pré-escolas, as estagiárias, de início, trouxeram um olhar fundado no senso comum, o qual posteriormente se aproximou de uma compreensão científica mediante o auxílio de instrumentos e métodos de pesquisa. O contato estabelecido com os(as) educadores(as) da creche e das professoras da pré-escola por ocasião do período de estágio, além de fornecer ricos elementos para a construção de relações entre teoria e prática, possibilitou trocas significativas, especialmente ao final, quando as estagiárias efetuaram um diálogo formativo com as instituições que as acolheram após o exame das Necessidades de Formação daquele grupo de educadores(as). Foi um diálogo entre a Formação Universitária e a Formação Contínua, entre mestres e aprendizes, que vão construir aprendizagens mútuas.

As narrativas do grupo registram um caminho que está sendo desenhado para a compreensão das identidades profissionais de professores(as) de educação infantil, e para tanto é necessário considerar as especificidades da creche e da pré-escola, que vêm construindo suas identidades em espaços e tempos ainda muito diferentes um do outro.

É relevante observar que as narrativas não fazem referências explícitas à formação profissional, ainda que anteriormente tenham sido constatadas lacunas a esse respeito pelos grupos de educadoras de creche e de professoras de pré-escola. Há clara dificuldade na percepção das Necessidades Formativas. As limitações e/ou facilitações localizadas somente no âmbito individual parecem desviar a atenção sobre a responsabilidade institucional e/ou governamental presente nessa conformação.

Esse fato parece revelar, por um lado, o contexto de transição que as duas instituições (creches e pré-escolas) estão atravessando, com mudanças de rotinas e alterações na forma de compreensão do trabalho educacional e pedagógico. Decisões estão sendo tomadas como resposta aos limites definidos pelas políticas públicas educacionais, o que, por si só, gera incertezas e, por vezes, processos descontínuos. Por outro lado, no interior dessas instituições, parece não haver clareza em como promover a cultura, o conhecimento e o desenvolvimento de crianças pequenas nesses ambientes considerados de educação infantil. A oscilação entre a tentativa de reprodução da escola formal obrigatória, no caso da pré-escola, com horários, rituais, demarcações temporais – ou seja, um entendimento do educar como sinônimo de escolarizar e instruir –

e a predominância dos cuidados, da proteção e guarda, no caso da creche, parece ser a regra na realidade das duas instituições infantis, para além da leitura das reais necessidades das crianças pequenas.

Como a sociedade vê os(as) professores(as) de educação infantil? A percepção do grupo de estagiárias e educadoras de creche dividiu-se entre desvalorização – por ser um trabalho exercido fundamentalmente por mulheres, associado à maternagem, pouco valorizado como profissão – e, paradoxalmente, certo reconhecimento e respeito, dependendo de como ocorrem as relações com as famílias das crianças. As professoras de pré-escola, por sua vez, restringiram o cerne da questão à atuação das famílias, considerando que estas delegam a elas muitas responsabilidades que, em seu entender, deveriam ser de alçada familiar.

Sabemos que, na construção das identidades – também no caso da identidade profissional –, o trânsito entre o "eu", o "nós" e o "outro" na produção das imagens (interna e externa) cumpre um papel relacional. O que nos distingue do "outro", ou seja, a diferença, caminha lado a lado com as identidades. A forma pela qual a sociedade, em geral, vê a profissão colabora para conformá-la. E a forma pela qual a população usuária do serviço educacional trata os(as) professores(as) de educação infantil também é indicativa dessa imagem externa produzida pela profissão: um ofício que requer paciência, amor e dedicação.

O exercício de ver e ver-se possibilitou-nos rastrear alguns saberes que estão sendo desenvolvidos na prática e são merecedores de maior qualificação na complementaridade necessária entre a educação e os cuidados. As colaboradoras vislumbravam uma profissão que as valorizasse socialmente, indicando caminhos em sua formação que poderiam favorecer um reconhecimento profissional. No caso da creche e da pré-escola, ressentiam-se das condições de trabalho, que as conduziam a um isolamento profissional e lhes causavam desmotivação. Manifestaram a necessidade premente de sentirem-se pertencentes a um grupo profissional construído em bases contrárias ao individualismo e ao confinamento institucional que têm sido a marca das instituições de educação infantil, com condições de trabalho, de formação e de acompanhamento que atendessem a suas Necessidades Formativas, que dialogassem com a realidade e ultrapassassem os limites institucionais de espaço físico, de materiais e de tempo.

Podemos observar, nas narrativas orais e escritas, que os três grupos de colaboradoras na pesquisa – estagiárias, educadoras de creche e professoras de pré-escola – apresentaram, de maneira geral, opiniões carregadas de um conjunto de crenças, construídas em suas experiências pessoais, profissionais e institucionais/sociais, que sugerem temas a ser ainda explorados e cotejados com outros estudos, tais como: imagem de criança e de infância; culturas educacionais específicas; relação dos atendimentos institucionais e consequente função social da creche, da pré-escola e das séries iniciais do ensino fundamental – tendo a infância como elemento comum; relação adulto-criança; saberes válidos para os(as) professores(as) de educação infantil; ações de formação; acompanhamento e orientação do trabalho das educadoras nas instituições de educação infantil; relações institucionais; relação com as famílias; função do estágio em cursos de formação de professores(as).

6. Ser e tornar-se: a apropriação do percurso formativo

Promover aprendizagens que façam sentido para o sujeito que aprende implica que ele possa apropriar-se de temas, inserindo-os numa cadeia de possibilidades de conhecimento. As narrativas produzidas pelas colaboradoras possibilitaram encontros, definiram retratos, agora emoldurados de acordo com as novas produções de sentido e ressignificações construídas. Para Benjamin:

> *A exposição de fragmentos de histórias de vida assegura que o "narrador" assimila à sua substância mais íntima aquilo que sabe por ouvir dizer. Seu dom é poder contar sua vida; sua dignidade é contá-la inteira. O narrador*

> *é o homem que poderia deixar a luz tênue de sua narração consumir completamente a mecha de sua vida. O narrador é a figura na qual o justo se encontra consigo mesmo (Benjamin, 1987, p. 221).*

Mesmo que períodos da vida escapem à memória e aspectos da história pessoal aparentemente passem despercebidos, na forma de silenciamentos, a própria memória recupera-os e recoloca-os novamente em significação no filme de um passado que passa a ter outro lugar no presente.

Nas expressões das participantes da pesquisa, por meio de relatos orais desenvolvidos após o relato escrito, revelou-se a atribuição de uma importância ressignificada à escola, à imagem de criança que cada uma foi, aos sentimentos que entremearam as lembranças. O relato a seguir dá conta disso:

> *Pensei sobre a resistência que tinha para ir à escola e observei que no meu relato escrito eu só falei da escola. Acho que a escola era o meu mundinho. O relato me causou conflito e reflexão. Preocupa-me o fato de não ter sido criança mesmo (Maria Eugênia – estagiária).*

Valer-se do passado para desenvolver a percepção do presente supõe resgatar momentos da experiência vivida. Trata-se de grande esforço de ver-se, conforme evidencia uma estagiária:

> *Quando comecei a escrever este relato, pensei em como iria passar a ideia da pessoa que sou, indecisa, insegura nas minhas escolhas. Acredito que, ao escrever, mobilizei esforços para recordar momentos, lembranças e verdades das minhas escolhas, vontades, alegrias e até momentos negativos, hoje felizmente superados. Hoje confesso ser mais segura e mais decidida do que nunca no que eu quero. O meu filho pequeno é a motivação e esperança para voltar a lecionar e tentar mudar tudo (Elaine – estagiária).*

Cabe destacar a potencialidade da narrativa como promotora de um diálogo do sujeito consigo mesmo, capaz de criar condições de bem-estar, na forma de um balanço pessoal construído em um movimento contínuo de imersão nas memórias e de distanciamento temporal, favorecendo, ainda, reflexões e tomada de consciência do percurso formativo que vai sendo retomado e aprofundado, como salientam as colaboradoras em seus relatos escritos:

> *Fazer o relato no início foi difícil, porque não estamos acostumados a falar com o papel (ou com você mesma). Logo os episódios foram voltando à memória e, depois de pronto, acho que teria que fazer novamente, pois alguns detalhes importantes começam a voltar (Gabriela – estagiária).*

O resgate das memórias possibilita o recolhimento dos elementos de um passado que encerra continuidades e rupturas, escolhas e seleções; trata-se de maneiras de reapresentar, num *continuum*, com os olhos do presente, as múltiplas possibilidades da experiência, procedendo à visualização de um túnel do tempo com entrada e saída definidas, com base no questionamento de como cada um se tornou o que é hoje, com singularidades e limites. Construídas na dialética entre interioridade e exterioridade, as narrativas articulam, em um círculo retroativo, um processo de formação e de conhecimento pela interpretação de fatos e circunstâncias (Josso, 2002). A revelação de imagens adormecidas serve para fortalecer a compreensão do sujeito por meio do encontro consigo mesmo no resgate de lembranças que passam invariavelmente pelas emoções. O passado traz elementos para pensar não só o presente de cada um, mas também a condição atual da infância, sentido esse produzido por uma educadora de creche:

> *Tive a impressão de estar escrevendo um livro, com histórias vividas por mim que ficaram guardadas num cantinho, um certo baú que, quando você abre, saem de lá sentimentos e lembranças. A experiência de escrever foi maravilhosa, uma mistura de sentimentos que provocam ora tristeza, ora alegria (Tina – educadora/Creche Sementinha).*

Ao relacionar a infância das educadoras ao que deveria ser proporcionado hoje às crianças, o relato autobiográfico estabeleceu a base da reflexão sobre si mesmas, sobre suas identidades profissionais. Poder ver-se para ver o outro – o interlocutor ou os outros diferentes de si – possibilitou às colaboradoras o fortalecimento de convicções profissionais, como podemos observar na reflexão da estagiária:

> *O que mais me mobilizou neste relato é que só tive lembranças boas de brincadeiras, momentos lúdicos, envolvimento com os colegas e pouca lembrança da escola. Isto reforça o que penso a respeito do trabalho a ser desenvolvido com crianças pequenas, no qual o lúdico, o prazer e as brincadeiras são fundamentais (Bia – estagiária).*

Lembranças marcantes da experiência de vida pessoal, sobretudo na infância, também foram mencionadas por Sarmento (2002), em estudo que constatou que as identidades profissionais de professoras de educação infantil, em Portugal, remontam à sua infância e são construídas e reconstruídas ao longo da vida. O estudo de Sarmento indica o esforço empreendido pelas educadoras na definição de estratégias que visem tornar o processo de construção de suas identidades um trabalho partilhado, considerando que as diferenças da ação pedagógica das educadoras de infância e dos(as) professores(as) do ensino primário são elementos definidores das fronteiras identitárias dos dois grupos. Considera, ainda, que a formação inicial e a contínua constituem momentos decisivos para a (re)construção de suas identidades profissionais, afirmando sua identidade pela realização de ações morais e explicitando quais razões éticas norteiam as decisões pedagógicas no trabalho com crianças pequenas.

Ênfases dessa natureza também são encontradas em estudos feitos por Oliveira-Formosinho (1998a), que identifica a partilha entre profissionais e a partilha de experiências em processos de desenvolvimento profissional como fatores importantes na construção de andaimes de sustentação na profissão. A perspectiva dos autores italianos já citados neste livro também evidencia a imprescindível ação do coletivo de educadores(as) como condição de profissionalidade e de exercício de gestão.

Conferir às educadoras de creche, professoras de pré-escola e estagiárias a autoria e protagonismo nos processos formativos indicou, nesses caminhos trilhados, férteis possibilidades para que suas vozes na pesquisa ressoassem, sobretudo, pelo chamamento à ideia de apresentarem-se como professoras de educação infantil em um ciclo de vida contínuo, dinâmico, em desenvolvimento.

Essa atitude possibilitou a reconstrução das experiências e de padrões de gênero produzidos socialmente, questionando o lugar da mulher e da profissional na sociedade de hoje e as necessidades manifestadas de pertença a uma categoria profissional ainda pouco definida, que clama pelo reconhecimento em um terreno mais associado, historicamente, ao complemento da educação realizada pela família. As necessidades de interação, de diálogo, de poder olhar para si e para o outro, a identificação de saberes da experiência em creches e pré-escolas são saberes válidos para pensarmos uma educação da infância que é oriunda de trajetórias diferentes e precisa de nova contextualização e conceituação no âmbito da educação para a criança pequena.

Além desses chamamentos, as imagens da criança que foram – subjacentes às suas práticas, concepções e condições de vida e justificadoras dos percursos até a identificação ou não com a profissão de professoras de educação infantil, num entrecruzamento de diferentes tempos de formação – colaboram para o entendimento das identidades plurais nessa área, produzidas na dimensão pessoal e indissociadas das dimensões profissional e institucional. Tivemos, em muitos episódios deste trabalho, a certeza de atuar com universos diferentes – de creche e de pré-escola –, para os quais precisamos construir lentes, também diferenciadas, para olhar. Olhar para si, para as realidades de creche e de pré-escola como direito de todas as crianças pequenas, olhar o entorno do trabalho institucional, as famílias, os(as) outros(as) educadores(as) e, ao apropriar-se de seus percursos formativos, buscar tornar-se, emancipando-se profissionalmente.

Ao lado da dimensão pessoal, envolvida na produção das identidades profissionais de professores(as) de educação infantil e analisada aqui, trataremos adiante, de maneira mais explícita, das dimensões profissional e institucional.

V

Produzindo a profissão e a organização institucional em instituições de educação infantil

É a prática com a teoria e voltar à prática de novo.
Isso é o que dá segurança para fazer diferente.
(Giovanna – professora/EMEIEF Gabriel Silva Santos)

Tivemos a intenção de promover, com os encontros, um espaço de diálogo e de reflexão, de construção de responsabilidade profissional e, sobretudo, de pertença, necessário para a emergência de uma cultura colaborativa que pudesse servir como referência para os processos formativos promovidos pelas instituições de educação infantil.

Buscamos, dessa forma, compreender algumas faces das culturas de creche e de pré-escola. Possibilitar que os encontros de Pesquisa/Formação sustentassem a construção de relações de confiança e reciprocidade e contribuir para que houvesse confiança nos sujeitos e nos processos de formação e de promoção de encontros, mecanismos de aproximação entre iguais e entre diferentes: estagiárias, educadoras de creche, professoras de pré-escola e uma professora universitária/pesquisadora. Um caminho que foi sendo feito ao caminhar.

Hargreaves (1999) afiança que um dos paradigmas promotores da era pós-moderna é a colaboração, como princípio articulador e integrador da ação, com o planejamento, a cultura, o desenvolvimento, a organização e a investigação. A colaboração cria uma confiança profissional coletiva que pode ajudar os(as) professores(as) a resistir à tendência de depender de falsas certezas científicas sobre a eficácia docente, ao criar possibilidades para as certezas situadas e para a sabedoria profissional das comunidades concretas de professores(as). Em um contexto de reestruturação e de aperfeiçoamento da educação, a solução cooperada incluiria, para o autor, os seguintes princípios: apoio moral, aumento da eficiência, melhoria na eficácia, redução do excesso de trabalho, perspectivas temporais sincronizadas, certeza situada na assertividade política, maior capacidade de reflexão, capacidade de resposta da organização, oportunidades para aprender, aperfeiçoamento contínuo. Esses princípios foram norteadores do processo de construção grupal.

Berger e Luckmann (1976), ao esboçarem as origens da institucionalização na sociedade moderna, ressaltam que o homem constrói a própria natureza, produzindo a si mesmo, e toda atividade humana está sujeita ao hábito. A formação de hábito acarreta o importante ganho psicológico de fazer estreitarem-se as opções. A institucionalização ocorre sempre que há uma tipificação recíproca de ações habituais por tipos de atores. Tais tipificações são sempre partilhadas. As instituições implicam a historicidade e o controle; têm sempre uma história, da qual são produtos. Assim, é impossível compreender adequadamente uma instituição sem entender o processo histórico em que foi produzida; e, quanto mais a conduta é institucionalizada, tanto mais se torna previsível e controlada. Toda instituição tem um corpo de conhecimentos que fornece as regras de conduta adequadas a ela, e os papéis representam a ordem institucional. Pode-se falar de papéis quando essa espécie de tipificação ocorre no contexto de um acervo objetivado de conhecimentos comuns a uma coletividade de atores.

Os autores supracitados, descontadas as diferenças, discutem a identidade social como um fenômeno derivado da dialética entre o indivíduo e a sociedade. Tratando a sociedade como realidade objetiva e subjetiva,

Berger e Luckmann demonstram que a realidade da vida cotidiana se mantém pelo fato de corporificar-se em rotinas – a essência da institucionalização – e é reafirmada na interação do indivíduo com os outros. Em suas palavras:

> *Os outros significativos ocupam uma posição central na economia da conservação da realidade e são particularmente importantes para a progressiva confirmação daquele elemento crucial da realidade que chamamos identidade e, para conservar a confiança de que é na verdade a pessoa que pensa que é, o indivíduo necessita não somente a confirmação implícita desta identidade, que mesmo os contatos diários causais poderiam fornecer, mas a confirmação explícita e carregada de emoção que lhe é outorgada pelos outros significativos (Berger; Luckmann, 1976, p. 199-200).*

Esses mesmos autores consideram que o veículo da conservação da realidade é a conversa que continuamente mantém, modifica e reconstrói a realidade subjetiva. Para eles, só é possível ao indivíduo manter sua autoidentificação como pessoa de importância em um meio que confirme essa identidade.

No caso da presente investigação, rastrear os caminhos da construção de identidades profissionais de professores(as) de educação infantil supôs também apreender a dialética existente entre esse terreno de trabalho profissional e a sociedade, passando pelas instituições de educação infantil, local privilegiado de produção dessas identidades.

A pesquisadora, nesse caso, não se apresentou isenta de crenças e valores próprios de um modo de ver o mundo, a educação e a educação infantil. De maneira interpretativa, fomos construindo uma compreensão que se ancorasse nas bases teóricas e epistemológicas estabelecidas ao longo da investigação.

A contextualização dos encontros de Pesquisa/Formação possibilitou a amplificação das vozes de cada uma do grupo para além das paredes daquelas instituições de educação infantil e a explicitação do desenvolvimento profissional e institucional, contribuindo em seus processos de emancipação como educadoras de crianças pequenas, oferecendo-lhes condições para a assunção de responsabilidades por seu próprio desenvolvimento e constituindo um auxílio na tarefa de tornar-se protagonistas dessas mudanças. Em todos os encontros, pretendíamos que as intencionalidades das ações formativas estivessem explícitas (que, por sua vez, eram sempre construídas pelo grupo no encontro anterior), porém estas, em algumas situações, iam modificando-se, revelando necessidades de manifestação e de formação.

1. Aspectos da matriz identitária de professores(as) de educação infantil

Solicitamos que as colaboradoras tentassem relacionar a história de cada uma, obtida no relato autobiográfico, com a história da instituição de educação infantil na qual trabalhavam, de modo que percebessem a importância do meio social e cultural na determinação e modificação dos sujeitos e das instituições.

As participantes relataram terem vivido uma infância em que se podia ser mais criança do que as crianças de hoje, resgatando sentimentos dessa época. No exercício desse resgate, sobressaíram histórias de carências e de necessidades que as impulsionaram ao trabalho em uma área próxima ao âmbito doméstico. Aquelas com mais de 40 anos de idade referiam-se a um tempo em que os brinquedos industrializados existiam para uma minoria da população, o que favorecia a criação e a capacidade imaginativa das crianças mais pobres e de suas famílias no trato com a dimensão lúdica:

> *Lembro que fazia comidinha de verdade. Era uma viagem. Brincava na rua e fazia boneca de pano (Tina – educadora/Creche Sementinha).*

Trouxeram de forma significativa a vida familiar, o nascimento dos filhos e, com relação à escola, as marcas negativas que esta deixou em algumas. Consideraram que a rigidez da escola tradicional é parte da história da educação brasileira:

Eu ficava com medo de ir à escola. A professora era autoritária e me chamava de burra (Tina – educadora/Creche Sementinha).

Convém destacar a riqueza dos relatos e a reflexão por eles proporcionada, com ênfase na memória como parte central da função humana, no trânsito do objetivo com o subjetivo. Nessa direção, uma estagiária desabafa:

Hoje foi o melhor encontro que já fizemos. O relato de cada uma me fez pensar sobre o que faria ou não faria com as crianças. Saber ouvir, saber esperar para falar é um exercício terapêutico para o nosso dia a dia, diante da ansiedade que vivemos em nossa sociedade. E o curso de Pedagogia foram os melhores anos da minha vida, como mãe, como profissional. Hoje consigo entender mais os outros (Maria da Conceição – estagiária).

Algumas professoras/educadoras admitiram ter sido durante o período de estágios no curso de Magistério que se definiram pela educação infantil, reconhecendo em suas características atuais as marcas dos(as) professores(as) do passado:

Fazer o relato me deixou muito em conflito. Pensar nas professoras que tive e como sou como professora. Acho que algumas características delas eu tenho: falo alto e conquisto as crianças e as famílias. Hoje parei para pensar que a minha prática é uma e eu já penso de outra forma, mas não é tão fácil mudar (Giovanna – professora/EMEIEF Gabriel Silva Santos).

Sabemos existir uma distância entre ter um discurso elaborado sobre algo e exercê-lo, transformando-o em prática. As relações imbricadas entre teoria e prática foram muito problematizadas no processo da pesquisa com as colaboradoras. Nas narrativas, parece estar dificultada a possibilidade de nomear as teorias que sustentam as práticas. Observamos que a professora citada anteriormente parece encontrar-se em conflito entre o que acredita que deva ser feito com as crianças na instituição de educação infantil e sua prática real, carregada de ambiguidades, de múltiplas facetas. Nessa abordagem reflexiva, o coletivo de profissionais pode colaborar, problematizando crenças, exercendo a escuta do outro, identificando as intencionalidades das práticas, alinhavando possibilidades de mudanças que passam a ser compartilhadas.

As perguntas foram uma constante nos encontros de Pesquisa/Formação. Feitas pelas colaboradoras para a professora/pesquisadora responder, foram, aos poucos, sendo respondidas pelo grupo, pois, ao serem endereçadas à professora/pesquisadora, de maneira geral eram devolvidas com outras indagações, o que provocava reflexões mais aprofundadas na forma de perguntas feitas a si mesmas. Nessas ocasiões, por vezes, ficávamos alguns segundos em silêncio, amadurecendo uma reflexão interior não suficientemente pronta para ser verbalizada, pelo menos naquele momento.

Nesse sentido é que referendamos o papel da teoria não só como essencial para a análise dos fatores que levam à compreensão dos contextos históricos, sociais, culturais e à compreensão de si mesmas como profissionais, para neles intervir, transformando-os, mas sobretudo como fundamento da necessidade prática. Tratava-se, nesses encontros, de fazer emergir as necessidades daquele coletivo de profissionais, vislumbrando teorias que, mesmo não explícitas, pudessem oferecer elementos para mudanças e/ou para o aperfeiçoamento das práticas a elas correlacionadas.

O processo reflexivo desenvolvido com o grupo nesses encontros possibilitou acentuar um tipo de reflexão voltado para ações transformadoras. Estas se foram manifestando nas mudanças de concepções e em algumas práticas verbalizadas pelas colaboradoras ou identificadas por nós e pelo próprio grupo. Em alguns momentos, tais reflexões significaram conflitos, revelações acerca de um saber prático que se apresentava então insuficiente. As recorrentes problematizações buscaram ir à raiz das questões emergentes nos grupos, numa tentativa não só de auxiliar na resolução de algumas situações, mas sobretudo de compreendê-las.

Falar em identidade supõe reconhecer o olhar do outro, oferecendo referência para a construção de um olhar próprio, singular, de uma imagem interior que se vai modificando à medida que a memória possibilita a reflexão, um momento de justiça consigo mesmo. Podemos evidenciar esse movimento nas seguintes palavras:

Também não deixei ninguém ler o relato autobiográfico, nem o meu marido. Eu escrevi pra mim mesma. Tem coisas que não precisamos dividir com ninguém. Só serve para a gente mesmo. Fazer o relato me fez um bem enorme (Mônica – professora/EMEIEF Gabriel Silva Santos).

Depois que vocês falaram, me lembrei de tanta coisa. Precisaria de mais tempo para escrever. Tive muito prazer em fazer o relato (Gabriela – estagiária).

Ancoradas em seus percursos formativos, na maneira como foram formadas, as colaboradoras procuraram resgatar seus lugares no mundo e na profissão, conduzidas pela reflexão sobre o tratamento do conhecimento, sobre a experiência como estudantes, sobre a dimensão humana do ofício de educadoras, que se traduz na capacidade de exercer a escuta – habilidade educativa fundamental –, na sensibilidade para perceber o outro, seus ritmos, expectativas e potencialidades, entre outras reflexões. De forma complementar à escrita, a socialização do relato autobiográfico promoveu o estabelecimento de relações e identificações, possibilitando que histórias singulares se conjugassem, o que favoreceu a emergência de um compromisso ético e afetivo no grupo.

As necessidades manifestadas favoreceram a leitura de temas – objeto de problematização em encontros subsequentes –, tais como: a imagem de criança e de infância (subjacente às práticas das educadoras e às culturas institucionais), a relação entre teoria e prática, a identificação dos constrangimentos e incômodos da prática e os meios, instrumentos de trabalho de que a educadora de crianças pequenas pode lançar mão em suas ações cotidianas a fim de diminuir a distância entre o pensado e o vivido. Foram temas provocadores de reflexões que serviram para promover o protagonismo profissional.

Perceber a matriz que dá sustentação às suas identidades profissionais representou um passo importante para que o grupo de colaboradoras também refletisse sobre as possibilidades de socialização profissional em instituições de educação infantil.

2. Tempos e espaços de socialização profissional

Com base na visão romântica de infância trazida pelo grupo nos encontros, associando criança a anjo, por exemplo, refletimos sobre as concepções de educação e de infância que pudessem auxiliar-nos na compreensão de suas práticas profissionais.

As estagiárias abordaram o tema, recuperando concepções de criança e a relação que o adulto com ela estabelece, na maioria das vezes desmerecendo suas capacidades. A reflexão a seguir ilustra esse fato:

> *Acho que nossa ação com a criança oscila entre o anjo e o cidadão. Sem querer, julgamos as crianças, suas famílias, às vezes sem ter informação sobre elas, sem compreendê-las (Bia – estagiária).*

Houve também a reflexão sobre a imagem de criança idealizada e um tanto distante da criança real que frequenta todos os dias as instituições de educação infantil. A relação com as famílias também foi abordada, parecendo-nos que a busca ainda é por um modelo de família que já se transformou, aquela cujo núcleo é o pai, provedor do sustento, auxiliado pela mãe, que toma conta da educação dos filhos no lar. O mundo modificou-se, a mulher hoje acumula várias funções na família e na sociedade, mas os modelos herdados de uma família nuclear patriarcal ainda parecem sustentar-se nesse imaginário.

No relato das práticas desenvolvido pelas educadoras, ainda orientado pela reflexão acerca das imagens de criança, a narrativa abaixo serviu de problematização sobre um dia de trabalho com crianças na faixa etária de 3 anos:

> *Iniciamos nosso dia sempre com a normalização, depois a higiene, e nesse dia li uma história com fantoches. Observei dificuldade de concentração das crianças, depois fizemos uma atividade ralando giz para desenvolver a coordenação motora, depois elas almoçaram, dormiram e brincaram um pouco à tarde até a hora de irem embora (Ana Beatriz – educadora/Creche Sementinha).*

Tal relato foi objeto de reflexão do subgrupo sobre a função da creche, que se apresenta como uma condição preparatória à pré-escola (e esta, por sua vez, como condição preparatória a um tipo de escola obrigatória). Os modelos escolares parecem ser forte referência para os(as) professores(as) de pré-escola. Ritmos próprios da pré-escola e da escola obrigatória parecem ser impressos sub-repticiamente na rotina da creche, tais como os tempos de esperar para dormir, esperar todos acordarem para haver uma atividade dirigida a todos, esperar para comer. Tempos homogêneos, regulados pela espera e/ou pelas ações de centralização e controle da parte das educadoras.

Nesse processo de problematização, uma estagiária refletiu sobre a questão da reprodução presente na instituição, do dirigismo institucional no tocante às educadoras e destas nas atividades com as crianças. As educadoras de creche, por sua vez, enfatizaram o fato de o trabalho com crianças pequenas ser penoso e envolver dimensões emocionais e afetivas que, por vezes, o(a) educador(a) não está preparado para enfrentar.

Essa reflexão levou-as a procurar aprofundar o entendimento sobre as crianças da pré-escola e suas famílias, sobre a condição atual destas na sociedade, sobre seus valores e o papel da mulher nesse cenário. Reconheceram que a imagem da criança como anjo ainda estava presente em suas práticas e consideraram que a explicação desse fato remontava aos rituais incutidos nas famílias, especialmente pela Igreja Católica. Avaliaram que as festividades, de maneira geral, na escola e na família, reforçam essa imagem de pureza e de santidade da criança. Nos relatos de práticas das professoras de pré-escola, a exemplo da creche, observa-se uma imagem de criança ideal, cujas necessidades reais elas ainda não conseguem "ler". A narrativa de uma professora da pré-escola revela essa condição, ao referir-se a uma atividade que desenvolveu com seu grupo de crianças de 4 anos, registrada no diário de práticas:

> *Trabalhei com eles a história "Quem procura saci", pois juntei as duas turmas devido ao fato de minha parceira da sala ao lado ter faltado nesse dia e eles estarem com uma professora substituta. Às vezes tenho a impressão*

> *de que as crianças não sabem nada, elas têm problemas de linguagem, não têm compreensão das ideias, nem ao menos sequência lógica. Elas são muito pequenas (Giovanna – professora/EMEIEF Gabriel Silva Santos).*

Ao procedermos à problematização sobre as concepções de educação infantil e de criança subjacentes a esse relato, a própria professora antecipou-se em manifestar que só naquele momento se estava dando conta de sua incoerência como professora. Nesse caso específico, a mesma professora que anteriormente estava em conflito no tocante à relação entre teoria e prática continuava questionando-se, em busca de sua coerência teórico-metodológica. O conflito permanecia, agora mais relacionado à sua condição profissional, à questão do desmerecimento das capacidades das crianças. Vejamos:

> *Hoje eu me achei nesse grupo e nessa pesquisa. Há muitos anos faço registro e só agora nesse momento percebo como eu registro. Trabalho com uma perspectiva de cidadão, mas sou mãezona, assistencialista. Está na hora do professor deixar de ser vaquinha de presépio. Hoje eu fiquei mais rebelde (Giovanna – professora/EMEIEF Gabriel Silva Santos).*

É a linguagem interior oferecendo suporte para a linguagem exterior, carregada, por um lado, de emoção pela descoberta e, por outro, do sentimento de corresponsabilidade, ao assumir que mudar depende em grande parte do compromisso de si próprio com novas responsabilidades.

Como já enfatizamos, o outro desempenha papel fundamental em se tratando de construção de identidades, que são produzidas no diálogo, nas interações, tecendo sua própria consciência. As palavras de uma estagiária, ao final da reunião, são reveladoras da reflexão de quem se está inserindo na profissão de forma crítica e contextualizada, numa tentativa de compreender a complexidade da tarefa de educar crianças pequenas:

> *Fiquei meio chocada com o que ouvi aqui hoje. Vi angústia nos olhos das professoras. Acho que é difícil trabalhar com a educação infantil (Gabriela).*

A articulação entre teoria e prática, em momentos diferentes da formação (Universitária e Contínua), e os questionamentos a respeito da qualidade do trabalho educacional representaram férteis possibilidades de formação dessas educadoras. Elas reconheceram que a pré-escola, no geral, não está organizada para as necessidades das crianças e, dessa maneira, não contribui para promover a crítica e a consciência profissionais. Estranhar o habitual, ver com olhos diferentes a mesma realidade, facultou às professoras uma avaliação da função da pré-escola, como expresso na narrativa abaixo:

> *Há tempos nós sabemos que a pré-escola não está preparada para atender a criança, que ela precisa de espaço para se movimentar, brincar, mas as políticas são feitas de cima para baixo e não nos resta muito o que fazer. Acho que esse nível de debate que estamos tendo aqui nunca tivemos na rede municipal. A escola hoje está perdendo o aluno para o mundo externo porque não tem respostas para suas necessidades. Ele vem para um espaço sem identidade com problemas de identidade (Paula – professora/EMEIEF Gabriel Silva Santos).*

As reflexões parecem caminhar de uma perspectiva individual (do grupo-sala) para uma perspectiva da escola e dos contextos implicados na organização institucional, colaborando para uma reflexão maior sobre a função social da escola.

As culturas institucionais e a tão almejada autonomia profissional requerem responsabilidades, tomadas de decisões individuais e coletivas, e as atitudes das educadoras podem favorecer ou bloquear mudanças. Sabemos que pequenas mudanças são importantes e podem acumular forças para grandes mudanças futuras.

As colaboradoras ainda relataram certos constrangimentos advindos da prática: as relações interpessoais, a falta de valorização e de reconhecimento profissional. Foi possível observar a formação da consciência sobre a responsabilidade de cada professora em seu processo formativo, sobre a relação com as famílias e sobre a falta de apoio institucional.

As reflexões sobre as teorias que dão sustentação às práticas possibilitaram trazer à tona os significados, os sistemas de representação das protagonistas, as heranças institucionais do *habitus*, contribuindo para que as educadoras avançassem para outro patamar de desenvolvimento profissional. Ao relacionar as estruturas objetivas ("campos sociais") às estruturas incorporadas (*habitus*), compõe-se o espaço social de tomada de decisões e de disposição (Bourdieu, 1998), que podem ser disparadoras de mudanças. O debate sobre os incômodos da prática ocupou boa parte dos encontros.

Ao final, problematizamos com o grupo sobre como as educadoras organizam seu trabalho e de quais ferramentas dispõem para isso. Nessa reflexão, o isolamento profissional pareceu ser determinante. As professoras de pré-escola ressentiam-se de ter de trabalhar sem respaldo pedagógico e material. As tentativas de mudanças já empreendidas por elas, nesse sentido, serviram para desmotivá-las ainda mais diante da burocracia e da falta de condições institucionais que dessem suporte a essas iniciativas. Desmotivação, falta de valorização e de reconhecimento profissional parecem ser fatores desencadeadores de práticas não inovadoras. A manifestação de uma professora de pré-escola revela esse quadro:

> *Eu me sinto sozinha para trabalhar. Já tentei mudar o mobiliário, o espaço físico, mas as dificuldades são tantas, que acabamos desistindo (Giovanna – professora/EMEIEF Gabriel Silva Santos).*

Ainda que o isolamento fosse aspecto presente também para o subgrupo da creche, traduzido em certa desmotivação e apatia, consideramos tratar-se de duas situações diferentes. Na creche, o isolamento parecia estar centrado em si mesmo e não se ampliar para além da instituição, o que era justificado em parte pela perspectiva profissional pouco desenvolvida das educadoras. Já na pré-escola, parecia-nos um isolamento de professoras, em uma unidade educacional de uma rede de escolas municipais, que compartilhavam orientações e diretrizes comuns e pertenciam a uma categoria profissional. Começava a fazer sentido para as colaboradoras o ciclo prática, teoria e prática.

As professoras apontaram a falta de condições no exercício profissional, sobretudo pela insuficiente jornada de trabalho fora de sala de aula para a realização de algumas atividades indispensáveis, como o registro das práticas, mas, por outro lado, foram observadas entre elas cumplicidades orientadas para a diminuição do isolamento institucional, parcerias estabelecidas com base em afinidades pessoais e maneiras de encarar a educação infantil.

Houve também comparações com outras experiências profissionais que privilegiam o coletivo, que oferecem apoio ao trabalho pedagógico. No entender das professoras, as formas de registro utilizadas na rede municipal deixam a desejar, evidenciando relações institucionais marcadas pela descontinuidade e pelo distanciamento:

> *Eu gostaria de anotar a evolução das crianças do meu jeito e não com as fichas que são pedidas. Na rede municipal parece que é moda fazer determinadas coisas, mas não se entende o porquê. Já vivemos outra experiência em que nós fazíamos registro e ninguém precisava cobrar. A gente sabia que os responsáveis estavam lá e, se precisássemos, poderíamos recorrer a eles. É como uma mãe que está cuidando e, se precisar, ela ajuda (Mônica – professora/EMEIEF Gabriel Silva Santos).*

As identidades, que supõem relações, intensificam-se em processos de identificação de cumplicidades. Esses episódios reflexivos permitem--nos acentuar a necessidade de educar o(a) professor(a) e dele(a) cuidar, como se espera que ele(a) proporcione educação e cuidado à criança.

A *moda*, orientações uniformes (e, na maioria das vezes, descontínuas) para o coletivo de educadoras de crianças pequenas, não suficientemente dialogadas e pactuadas entre os agentes educacionais envolvidos, contrastam, por vezes, com o modo de fazer, maneiras encontradas pelas educadoras de efetivar suas práticas. Reforçando essa ideia, Kramer afirma:

> *Os professores precisam de condições e de tempo para estudar. De tempo pago para o trabalho de se qualificarem. E, se procede essa reflexão que faço, as políticas públicas, voltadas à melhoria da qualidade da escola, precisam assegurar o acesso dos professores a bibliotecas, núcleos de leitura e discussão, grupos de estudo, no interior e como parte do seu trabalho. E só o farão se e quando tiverem discernimento e sensibilidade política que*

> *lhes permitam perceber que essas atividades podem mesmo ultrapassar os resultados de treinamentos ou modalidades convencionais de formação em serviço (Kramer, 1993, p. 192).*

As professoras queixavam-se da descontinuidade do trabalho, tanto na escola quanto na rede municipal como um todo, o que servia para provocar descontentamentos e desestímulo profissional. As estagiárias, por sua vez, refletiam sobre como seriam suas práticas profissionais quando estivessem atuando com as crianças. Ao final de um dos encontros, uma professora avaliou o sentido desse trabalho colaborativo da seguinte forma:

> *O que a gente conseguiu trocar nesse período em que estamos juntas aqui é muito significativo. A cada quinze dias temos uma injeção de ânimo (Mônica – professora/EMEIEF Gabriel Silva Santos).*

O sentido atribuído ao trabalho de Pesquisa/Formação pela professora reforça nossa convicção de que as práticas individuais, quando compartilhadas, podem estimular compromissos e responsabilidades coletivos.

As educadoras, ao refletirem sobre os registros das práticas, notaram que seus registros já foram mais extensos e no presente estavam mais resumidos. As estagiárias mostraram que a reflexão sobre os registros e as práticas favorecia mudanças em suas atitudes diante da profissão. Passaram a observar mais, tanto as crianças quanto elas próprias e as colegas. Consideraram que o registro deixa uma marca tal, que, quando é relido, já provoca outro olhar – e isso nos faz supor que, no desenvolvimento aperfeiçoado da observação das crianças, das famílias, da instituição, os diferentes contextos se vão comprometendo com um registro também qualificado, contribuindo para uma compreensão maior da importância desses instrumentos metodológicos.

A descontinuidade das ações institucionais também se manifesta na creche, em decorrência, sobretudo, da alta rotatividade de pessoal. Semelhante dado parece não ser percebido pelo grupo, pois requer uma análise que necessita igualmente de tempo para ser construída. Tempo esse não proporcionado às educadoras, que, após uma média de três anos na instituição, saem para buscar melhores condições de trabalho e de salário. Essa descontinuidade dificulta em muito a consecução dos propósitos educacionais com as crianças e suas famílias e a construção do coletivo de educadoras e de um projeto institucional.

As participantes da pesquisa questionam-se acerca da função essencial da educação e da escola e dos procedimentos de cada um nesse processo. Promover um conhecimento na ação implica reconsiderar, entre outros fatores, a atenção dada à mesmice, às ações rotineiras, possibilitando reflexões que situem a estrutura organizacional, os pressupostos teóricos que sustentam as ações, os valores e as condições de trabalho profissional.

Diminuir a distância entre a teoria e a prática figura como intenção da maioria dos programas de formação de educadores(as). Um passo significativo nessa direção seria considerar os(as) educadores(as) como trabalhadores(as) intelectuais, capazes de articular o processo e o produto de seu trabalho, criando condições para a reflexão em proveito da emancipação humana e da autonomia profissional (Lima; Gomes, 2002).

Descontinuidade das ações institucionais, função social da educação e da escola e inter-relações entre teoria e prática são temas que dizem respeito às políticas públicas educacionais e aos paradigmas vigentes sobre por que, como e onde formar profissionais da educação.

As identidades profissionais passam também pelo questionamento do cotidiano, pela revelação de suas implicações. Ancoradas em procedimentos de pesquisa, de aproximação criteriosa com a realidade e, ao mesmo tempo, de distanciamento para analisá-la, de domínio de instrumentos como a observação, o registro, o planejamento e a avaliação, para elas o cotidiano passa a representar, mais que evidências, possibilidades. Nesse sentido, retomamos as ideias de Vázquez (1977) e sua fundamentação da práxis criadora. Para o filósofo, a práxis é construída na articulação com a realidade social, conjugada, por sua vez, à práxis humana. No caminho de construção das identidades profissionais, os isolamentos pessoais e profissionais vão dando lugar às parcerias por afinidades e/ou identificações, como resposta às formas de organização institucional, observando-se o apelo a tempos de aprendizagens que são singulares, pessoais e intransferíveis.

3. Autoimagens profissionais e Necessidades Formativas de professores(as) de educação infantil

A fim de possibilitar a reflexão sobre as imagens internas e externas da profissão de professores(as) de educação infantil, solicitamos que as colaboradoras relatassem como se viam nessa condição profissional e como julgavam que a sociedade as via.

A maioria apresentou-se isoladamente, revelando certo confinamento profissional nas instituições. Ao relatarem, realçaram a condição de cuidadoras, de recreadoras, salientando a dimensão lúdica na relação com a criança.

O conflito entre a educação e os cuidados (babá ou professora?) sobressaiu nos relatos. Eles expressam, também, ressentimentos da maneira pela qual a família se relaciona com a creche, ainda permeada de uma visão de tutela, de favor. Reconhecemos que há longo caminho a ser percorrido no que diz respeito à compreensão da educação infantil como direito da criança e opção da família. No caso da população mais empobrecida, a creche não se apresenta como opção, e sim como condição de sobrevivência.

Relacionando a maneira de se verem com a maneira de serem vistas, salta aos olhos o fato de que as professoras de educação infantil em creches exercem uma profissão ainda muito desvalorizada socialmente, isolada dos(as) demais educadores(as), carecendo de identidade como categoria profissional. A dimensão de guarda e proteção fica explícita em suas narrativas.

As professoras de pré-escola, por sua vez, disseram ver-se como mediadoras de conhecimentos num ambiente de recreação e do lúdico, junto a situações de desafios e entre a criança e os estudos. Para elas, a sociedade as via como desmotivadas profissionalmente e como cuidadoras.

Houve grande envolvimento do grupo nessa reflexão, de maneira que prosseguimos desafiando-as. Propusemos que o grupo refletisse sobre as duas imagens representadas, a interna – como cada uma se via profissionalmente – e a externa – como a sociedade as via e o sentido que essas duas imagens tinham para a identidade de cada uma como educadora de crianças pequenas.

As colaboradoras consideraram existir um vácuo, um vazio, justificado pela falta de integração entre escola e famílias e entre as próprias educadoras e pela falta de autonomia das instituições de educação infantil. Essa percepção parece expressar a condição da educação infantil hoje no Brasil: um vazio a ser preenchido, um terreno que precisa ser cultivado na interface das construções histórico-sociais e profissionais de creche e de pré-escola, sem sobreposições, em permanente diálogo, a favor do atendimento das necessidades das crianças pequenas e de suas famílias e da qualificação profissional das educadoras. Nas avaliações, ao final do encontro, as colaboradoras apontaram algumas explicações e alternativas para essa situação:

> *O próprio professor não valoriza a profissão. Enquanto não houver respeito dos próprios profissionais com a profissão, a sociedade também não a respeitará. Daí a pergunta comum: "Mas você só dá aula, você não trabalha?" Nesse sentido, acho que o estágio pode ajudar nesse respeito e valorização profissional, como esse trabalho que estamos fazendo aqui (Gabriela – professora/EMEIEF Gabriel Silva Santos).*

> *Agora eu entendo melhor o que os professores falam lá na faculdade sobre o ciclo de vida do professor. Se a escola fosse organizada de outra maneira, talvez o professor pesquisasse mais, refletisse mais. Parece que as coisas vêm muito prontas, criando certa acomodação de todos (Maria Eugênia – estagiária).*

Trata-se de avaliações que parecem revelar um novo patamar para a formação de professores(as) de educação infantil: o diálogo interinstitucional (entre creche e pré-escola); a formação de equipes de trabalho que tenham a prática como referência central no processo formativo; a valorização profissional (interna e externa); uma organização institucional dialógica, dinâmica e provocadora de mudanças.

O grupo considerou também a diferença organizacional entre a creche e a pré-escola. As creches, sobretudo as assistenciais, recém-trazidas para a área da educação, ainda apresentam peculiaridades, singularidades, se comparadas às pré-escolas, que se organizam no âmbito de um sistema de ensino, articuladas em uma rede municipal.

Observamos certo fatalismo ao justificarem a não promoção de mudanças e assumirem limites institucionais que, do ponto de vista de algumas professoras, eram intransponíveis e reforçavam uma atitude de imobilismo. Em contraposição, uma estagiária ampliou a perspectiva da visão da educadora:

> *Acho que todo educador em sua prática tem que ter sonhos. Temos que acreditar em algo. Precisamos conhecer a criança, saber quem ela é, de onde ela vem (Bia – estagiária).*

Constatamos também contrapontos entre professoras e estagiárias no que concerne ao ciclo de vida profissional do(a) professor(a). De um lado, um grupo que almeja ser profissional e, de outro, um grupo que traz as marcas das contradições do cotidiano institucional de conquistas e recuos. Reconhecemos que o tempo na profissão, as condições efetivas de trabalho, conjugados com as frustrações profissionais e os limites institucionais, colaboram para que o ciclo de vida profissional apresente altos e baixos. As estagiárias, ao ingressarem na profissão por meio do estágio, fazem-no sem bloqueios, com muitas perspectivas, contrastando com algumas profissionais que contam com uma prática consolidada e, por força dos constrangimentos do cotidiano de trabalho, parecem esmorecer diante dos desafios, o que torna difícil ver a profissão no terreno das possibilidades.

Ao final de um dos encontros, avaliaram o trabalho, enfatizando aspectos positivos e negativos da origem e da estrutura das duas instituições, e assumiram responsabilidades:

> *Com todo o pessimismo, a gente vai à luta, como quando vocês relataram a luta da creche, que no início estava em um porão e agora está aqui nessa creche pensada para a criança pequena. O sonhar é necessário. Essa troca entre creche e EMEI foi muito importante. Isso faz a gente buscar sempre mais. Estar aqui na pesquisa foi uma decisão, uma escolha minha. Outras*

professoras até poderiam participar, mas não quiseram (Mônica – professora/EMEIEF Gabriel Silva Santos).

A autoformação, as novas concepções sobre creche e pré-escola construídas nos contextos, os diálogos compartilhados, as histórias que precisam ser contadas, recontadas e ouvidas para a adubagem do terreno existente entre uma e outra instituição de educação infantil podem representar a assunção de uma maneira de ver a formação que passa pela autonomia profissional e pela reconstrução e/ou desconstrução de uma imagem de criança.

Ao longo dos encontros, explicitamos nosso entendimento de Necessidades Formativas como a expressão dos problemas e dificuldades percebidas nas práticas profissionais, configuradas em um contexto determinado e que já trazem implícito o desejo de mudanças e de aprimoramento profissional.

Estrela e Leite (1999) esclarecem o uso conceitual e metodológico de Necessidades Formativas na formação de professores(as), afirmando que duas definições permeiam esse campo. A primeira expressaria os problemas, as carências, as dificuldades presentes no decurso da ação docente. A segunda definição expressaria as realidades mutáveis e dinâmicas como construções interpretativas dos(as) professores(as) entre os constrangimentos da prática e o desejo de maior desenvolvimento profissional. Constatam que os dispositivos implementados para a aferição das Necessidades Formativas de professores(as) influenciam decisivamente o tipo de necessidade identificada. Outra constatação é a dificuldade dos(as) professores(as) de conseguirem identificar suas necessidades, impedindo, consequentemente, a percepção dos meios de superação de suas reais necessidades.

Nos últimos encontros, juntamos os dois subgrupos de creche e de pré-escola, ora em uma instituição, ora em outra, para sintetizarmos o trabalho e identificarmos suas Necessidades Formativas. Apresentamos a seguir as sínteses das Necessidades Formativas produzidas pelos subgrupos – agora misturados – de creche e de pré-escola:

> *A educadora de crianças pequenas precisa entender o desenvolvimento da criança psíquico e emocional e saber identificar suas necessidades. Precisa ter fundamentação teórica, atualizando-se sempre com seu grupo de trabalho. Precisa fazer parte da sua rotina o estudo individual e com as colegas (Subgrupo 1).*

> *A educadora de crianças pequenas precisa conhecer a faixa etária de zero a seis anos para saber identificar o desenvolvimento da criança e saber do seu dia a dia e ter empatia com elas. Ter uma ótima relação com as famílias e buscar meios adequados para realizar o seu trabalho, através de estudos constantes (Subgrupo 2).*

> *A educadora de crianças pequenas precisa, em primeiro lugar, de disposição, de disponibilidade e compromisso, como educadora, com a sua profissão e com as crianças. Saber reconhecer as necessidades delas e conseguir identificar as concepções teóricas disponíveis para a educação da criança pequena; manter um ambiente prazeroso e motivador para a criança, utilizando o lúdico, e saber descobrir caminhos para o seu aperfeiçoamento. Estar aberta a mudanças e saber utilizar os meios e instrumentos adequados ao seu trabalho (Subgrupo 3).*

É possível observar, nessas manifestações das colaboradoras, necessidades de atualização, consubstanciada na leitura teórica das práticas e no crescente profissionalismo, efetivado por meio de uma rotina de estudos (individuais e coletivos) e aliado às características pessoais de disponibilidade, compromisso profissional e institucional (criação de um ambiente de trabalho animador e motivador das culturas, do crescimento e do desenvolvimento da criança e da própria professora de educação infantil). Tais procedimentos são justificados como Necessidades Formativas de professores(as) de educação infantil, independentemente de a instituição ser creche ou pré-escola.

Ressaltamos, uma vez mais, que esses recursos socializadores por nós utilizados facilitaram a construção do coletivo de educadoras, promovendo relações de confiança, condição básica para o exercício grupal, reforçando vinculações e afinidades, compromissos individuais e coletivos e, especialmente, o potencial do estágio, a fim de produzir uma interpretação coletiva sobre os contextos de trabalho e exercitar um diálogo entre teoria e prática a caminho da práxis. Ao final, avaliaram os dez encontros, relacionando as expectativas iniciais e o que levavam desse trabalho para a profissão e para as instituições de educação infantil:

> *Vim para cá com muita vontade de aprender e acho que foi muito, muito produtivo mesmo. Uma forma prática de formar, desde a maneira de organizá-lo, o horário e condições adequadas para as participantes (Bia – estagiária).*
>
> *Houve muita troca. Não só o que acontecia aqui nas reuniões, mas estou me referindo ao que acontecia lá na escola. Saíamos das reuniões sempre pensando e isso continuava na escola, com colegas que não participavam dos encontros (Mônica – professora/EMEIEF Gabriel Silva Santos).*
>
> *Eu só tenho a agradecer. Foi um processo intensivo e reflexivo, primeiramente pessoal, e fui acalmando aos poucos minha ansiedade no coletivo com as trocas, que foram muito importantes. Isso tudo trouxe uma outra organização para a minha vida (Tina – educadora/Creche Sementinha).*

Essas avaliações refletem as intenções do trabalho de Pesquisa/Formação: ter as participantes da pesquisa como parceiras na constituição de um coletivo que poderá ser tomado como referência para ações de formação, privilegiando processos e produtos pessoais (trocas, amadurecimentos, ansiedades, inquietações, dúvidas), profissionais e institucionais (extensão da aprendizagem da Pesquisa/Formação nas instituições de educação infantil).

Entendemos que nesse trabalho valorizamos o sujeito humano a serviço da formação de outros humanos, criando condições de melhoria de sua autoestima, de confirmações explícitas de identidades (mutantes e mutáveis), o que se relaciona ao desenvolvimento do aspecto profissional e, por sua vez, do organizacional. Além dessa valorização, é importante dimensionar novo olhar sobre a profissão de professores(as) de educação infantil, sobretudo pelo(s) olhar(es) do(s) outro(s) que oferece(m) elementos para que cada um se perceba pessoal e profissionalmente e possa reconstruir a imagem que tem de sua atividade profissional, construindo suas identidades.

Podem-se distinguir ainda, no caso das colaboradoras dos subgrupos de creche e de pré-escola, diferentes níveis de percepção das identidades. As primeiras pareciam situar-se nos limites da atuação concreta com a criança, não se percebendo questões que envolvessem uma crítica de suas práticas a ponto de ultrapassar esse limite. No caso das professoras de pré-escola, observa-se clara percepção das contradições e idiossincrasias presentes no cotidiano de trabalho.

Foi possível, nesse período de Pesquisa/Formação, notar algumas alterações nas atitudes profissionais das educadoras e nas práticas institucionais, na relação com os pares, com as famílias e, sobretudo, com as crianças. Na creche, por exemplo, houve evidentes mudanças no ambiente institucional pela organização do espaço físico e nas relações interpessoais com as crianças, diminuindo o tempo de espera nas atividades e nas ações da coordenação pedagógica, traduzidas nas verbalizações das educadoras e nas observações informais realizadas por ocasião dos encontros. O grupo da pré-escola, por outro lado, pôs em questão algumas orientações institucionais que, segundo elas, estariam dissociadas do dia a dia de trabalho com as crianças, além de apontarem com clareza a descontinuidade nas ações organizativas da unidade e o caráter público da instituição. Observa-se que a reflexão constante sobre as práticas, buscando para elas alternativas e ressignificações, acabou por tornar-se, também, uma prática: a consciência autoformando-se. Isso nos faz ampliar o olhar sobre o cuidar e o educar, incluindo o socializar, como necessidades do desenvolvimento humano, e não só das crianças pequenas; como dimensões de nossa humana docência (Arroyo, 2000).

As Necessidades Formativas apresentadas nos procedimentos, nas relações e nos vínculos estabelecidos, mesmo que singulares, permitem-nos uma aproximação dos diferentes tempos de formação/aprendizagens, que não são nem lineares nem estáticos, mas se constroem ao longo da vida.

Todas as participantes do grupo pareciam encontrar-se entre a reprodução de modelos e as inquietudes acerca de suas práticas, revelando, mesmo que de forma não clara, a insuficiência da formação para o exercício educacional com crianças pequenas. As estagiárias, particularmente, mostraram-se apreensivas quanto ao que seriam e como seriam como profissionais. Para além da consideração das etapas de formação inicial e contínua, os tempos educativo, pedagógico (produtor/construtor de aprendizagens) e político (orientações e diretrizes vinculadas a relações de poder) articulam-se com as formas organizativas do trabalho pedagógico no âmbito das creches (que estão em transição para a área da educação) e no âmbito da pré-escola municipal, que, pelo menos no caso em estudo, parece encontrar-se sedimentada em uma visão hierarquizada e na dicotomia entre o pensar e o fazer.

Em ambos os casos, revela-se necessária a revisão do papel dos chamados "especialistas", de dentro e de fora da unidade educacional, e de sua interação com o coletivo de educadores(as), no sentido de redirecionar, transformar uma cultura de Formação Contínua que parece não ter seu objetivo principal nos(as) educadores(as) que atuam diretamente com as crianças, não obstante teoricamente esse seja o propósito muitas vezes anunciado nos programas de formação.

Essencial parece ser também a definição de quem é a criança pequena, com base nas construções histórico-sociais dos atendimentos institucionais à criança pequena no Brasil. Não uma criança idealizada ou o aluno, mas uma criança real que, nas instituições de educação infantil, é atendida em uma dimensão de sua formação humana. A definição sobre essa criança – que, lembramos, é sujeito das políticas públicas na área –, a forma de acolhê-la e, em consequência, a compreensão da infância são questões fundamentais para a organização de programas de formação de educadoras de crianças pequenas. Igualmente fundamental é o estágio curricular como elemento de ligação entre a teoria e a prática, costurando tempos e construindo identidades plurais, o que implica o desenvolvimento de aprendizagens mútuas, as quais tiveram, nos procedimentos de pesquisa e na participação nos subgrupos de Pesquisa/Formação, a possibilidade de proposição de alternativas profissionais e institucionais.

A manifestação a seguir evidencia essa realidade:

Considero que a minha visão sobre creche foi totalmente modificada (Gabriela – estagiária).

Essas palavras reforçaram nossas convicções, justificando o esforço empreendido no decurso da investigação ao mergulhar nas realidades dos(as) professores(as) de educação infantil, esboçar os caminhos de suas identidades profissionais e, ao mesmo tempo, partilhar saberes, experiências e conhecimentos, promovendo um processo de formação, de encontro entre educadoras. Um processo de autorias e coautorias.

Buscamos, ao longo dos encontros, criar condições para a emergência de nova cultura formativa no interior das instituições de educação infantil participantes da Pesquisa/Formação, no esforço de investigação, troca e partilha presentes em seus procedimentos e na tentativa de apresentar uma alternativa a programas de formação de professores(as) que seguem um modelo cumulativo/prescritivo.

A crença de que as demandas presentes no cotidiano dessas instituições requerem de seus protagonistas respostas complexas serviu como guia para as ações que visaram promover um autodesenvolvimento reflexivo.

Houve muito boa interação entre professoras e estagiárias. Em episódios que pudemos presenciar de ação conjunta entre elas, tínhamos a impressão de que já eram antigas companheiras de trabalho, tamanha foi a integração. Isso pode ser entendido como decorrência da maneira como as estagiárias foram para as instituições de educação infantil e como foram acolhidas por elas. Além das ferramentas pedagógicas de pesquisa de que dispunham, tais como a observação, o registro, a análise de documentos e a entrevista, a possibilidade de ver a instituição em seu conjunto, em um contexto das políticas públicas para a infância, o apoio profissional, os vínculos e, sobretudo, a relação de confiança, construídos e alimentados ao longo dos encontros.

Outro aspecto observado é que os diferentes contextos (dos subgrupos) favoreciam um mesmo foco para as questões relativas às práticas de trabalho com as crianças:

> *Eu andava meio desanimada, parecia que estava em um buraco sem fundo. Antes não conseguia fazer um diagnóstico da situação, acho que só reproduzia. Agora parei para pensar (Giovanna – professora/EMEIEF Gabriel Silva Santos).*

A socialização profissional produzida nos grupos de Pesquisa/Formação contribuiu para o esclarecimento de causas de dificuldades trazidas pelas colaboradoras, as quais antes eram explicadas pela evidência do problema em si, sem que fossem problematizadas.

As educadoras, as professoras e as estagiárias, de maneira geral, relataram sentir curiosidade por um trabalho de formação que não trazia as coisas prontas – diferente, portanto, do que conheciam –, salientando a importância dessa inversão apresentada na pesquisa: partir da realidade para mudar, tendo por base a articulação entre teoria e prática, aliada à reflexão – numa evolução em espiral. A narrativa a seguir é um exemplo:

> *Trata-se de um trabalho estruturado, mesmo que não saibamos que caminhos ele vai tomar. Muita coisa que aprendemos na faculdade não se aplica na prática. O processo aqui é o inverso: partir da realidade e ver como se pode transformar (Bia – estagiária).*

Voltando à expressão "colaborativa", aprofundada por Monteiro (2002), consideramos ter efetivado uma ação colaborativa, que supõe o *labore*, o trabalho, o exercício.

Nas palavras das estagiárias, quando da socialização dos relatos autobiográficos, observamos uma cumplicidade existente no coletivo do grupo, tendo como suporte os vínculos que começavam a ser construídos, aliados à apropriação de suas próprias histórias de vida:

> *Quando relatei para a turma do curso de Pedagogia lá na faculdade, foi difícil para mim, mas foi gratificante fazê-lo. Hoje, aqui, ao ouvir as colegas, vão surgindo outras questões que têm a ver com a minha vida e a minha privacidade. Nem minhas filhas e o meu marido puderam ler o meu relato autobiográfico quando eu estava fazendo-o em casa, pois considero uma coisa minha. Achei tão interessante fazer isso, que comprei depois diários para as minhas filhas com chave e tudo e estou estimulando-as a escrever (Maria Eugênia – estagiária).*

O registro passou a assumir uma dimensão antes inexistente para elas: de autoavaliação, de recurso que busca ressignificar o real com base nos sentidos que cada um lhe atribui.

Ao longo dos encontros, as colaboradoras fizeram várias observações acerca da reflexão que os temas ali tratados possibilitaram, traduzindo os sentidos e as significações produzidas sobre o pensar e o fazer, sobre suas condições como profissionais, além de tentarem buscar explicações para a situação da educação na qual estão inseridas.

O fato de os encontros ocorrerem em intervalos de 15 dias possibilitou reflexões, mudanças de pontos de vista e trocas entre os pares de educadoras: problematizamos com o grupo a matriz que carregamos relativa à compreensão do conhecimento, o papel das instituições educacionais e do(a) professor(a) e, sobretudo, as incertezas presentes nas ações e relações humanas, em geral e, especialmente, nos processos formativos institucionais.

Parece-nos que se firma hoje, na humanidade, a certeza de que não há certezas, e transitar nesses meandros implica posicionamentos que uma base epistemológica positivista encontra dificuldades para explicar. Daí a necessidade da construção, em processos formativos, de outros paradigmas que deem sustentação ao incerto, porém *não errado*; ao inseguro, porém *não duvidoso*, proporcionando a elevação para outros patamares que nos ajudem a visualizar formas diferentes de ensinar e aprender.

Os encontros de Pesquisa/Formação permitiram-nos pensar na potencialidade da Formação Universitária articulada à Formação Contínua, assim como na organização de encontros dessa natureza, que supõem a construção de relações de confiança, de vínculos, de debates, de explicitação de saberes, de partilha de pontos de vista e de projetos, de espaço para a resolução de problemas, oferecendo condições para a superação de práticas reprodutivistas e tendo a reflexão permanente como base para a estruturação de compromissos, responsabilidades e tarefas compartilhadas e, especialmente, para a mediação entre teoria e prática. A constância, a articulação e a busca de unidade na heterogeneidade, sem desconsiderar as diferenças, são outros fatores importantes na construção de um coletivo de educadoras capaz de educar e educar-se.

As investigações e as consequentes reflexões levadas a efeito nesses espaços formativos, seja no início, por meio do mergulho nas memórias individuais desenvolvidas nos relatos autobiográficos, nas entrevistas, nas constantes interlocuções ao longo dos encontros, seja ao final, pelo processo reflexivo sobre as práticas com as escritas dos diários e pela reflexão sobre as Necessidades de Formação dos dois subgrupos, ensejaram o reforço à construção de uma imagem de profissional de educação infantil que se produz no interior da profissão, mobilizando, para tanto, diferentes saberes e mirando caminhos possíveis para a compreensão das identidades profissionais.

Chamamos a atenção para o aspecto do exercício da observação em programas de formação de professores(as), para a importância de o(a) professor(a) não só observar a própria prática, mas desenvolver recursos metodológicos para educar o olhar e a escuta de si, das crianças, de seus pares, das famílias e da instituição, o que nos parece ser condição para o desenvolvimento do estranhamento, essencial a um trabalho reflexivo.

4. A consciência da dimensão institucional e as identidades profissionais

Pretendemos, aqui, recuperar alguns elementos centrais na construção de identidades de professores(as) de educação infantil com base nas dimensões do sujeito, da profissão e das instituições de educação infantil.

Em se tratando de pesquisa qualitativa, a análise foi-se processando ao longo da Pesquisa/Formação com elaborações descritivas e, ao mesmo tempo, interpretativas das informações recolhidas. Nesse processo, utilizamos alguns procedimentos que favoreceram a análise, oferecendo condições para uma organização conceitual de apresentação das informações.

Em virtude da grande variedade e singularidade dessas informações, o que buscamos apreender foram as significações e as produções de sentido dos informantes relativas aos temas desenvolvidos. Fizemos um itinerário metodológico de ir e vir, ou seja, recolhendo dados, reduzindo-os e/ou ampliando-os para então extrair conclusões, mesmo que temporárias, e voltando frequentemente aos próprios dados para novas verificações.

Consideramos que todas as participantes desse processo de Pesquisa/Formação dele se beneficiaram, ainda que de maneiras diferentes. As colaboradoras puderam exercitar atos de ensino e atos de pesquisa com condições também diferenciadas. Nesse sentido, concordamos com Charlot (2002) acerca da especificidade da pesquisa feita pelo pesquisador e pelos professores. Para ele, o ato de ensino é político e global, enquanto o ato de pesquisa é mais modesto, englobando o que é e o que não deve ser, buscando efetivar análises. O que difere ainda o(a) pesquisador(a) do(a) professor(a) são as condições de produção e comunicação da pesquisa e o fato de o(a) primeiro(a) ser hierarquicamente superior ao(à) segundo(a), pelo menos no que se refere ao *status* profissional.

Dessa maneira, na condição de professora/pesquisadora, tínhamos uma posição privilegiada no grupo, impondo-nos o desafio de mediar concepções, teorias e práticas que nos ajudassem a identificar os caminhos na construção das identidades profissionais de professoras de educação infantil. Intencionamos construir, com as colaboradoras, reflexões que pudessem ser alcançadas pelas teorias que sustentam as diferentes práticas. Ao longo dos encontros de Pesquisa/Formação, essa intenção foi ficando cada vez mais explícita. Construir sentidos e produzir significações, para as colaboradoras, parecia ser a senha para adentrar as teorias carentes de explicações, de modo que pudéssemos problematizá-las. Fizemos uso da linguagem de forma muito recorrente para efetivar explicações. O sentido das palavras utilizadas pelas colaboradoras em suas manifestações nos encontros era motivo de questionamentos, a fim de que pudéssemos sair das explicações genéricas e superficiais e aprofundar-nos, de fato, nas teorias explicativas subjacentes às práticas.

Tentamos posicionar-nos, no decurso dessa experiência investigativa, de maneira aberta e curiosa, aprendendo a desenvolver certa sensibilidade para efetuar as leituras simbólicas possíveis provenientes dos contextos investigados.

Mais do que *explicar*, visamos *compreender* os caminhos pelos quais as professoras de educação infantil constroem suas identidades profissionais, para assumirmos um posicionamento sobre as identidades profissionais de educadoras de crianças pequenas em um cenário de mudanças e transições.

Durante todo o processo da Pesquisa/Formação, constatamos que a formação não é cumulativa, e sim "um trabalho de reflexividade crítica sobre as práticas e de (re)construção permanente de uma identidade pessoal. Por isso é tão importante investir na pessoa e dar um estatuto ao saber da experiência" (Nóvoa, 1992, p. 25). Práticas e experiência – dois elementos relevantes na construção de identidades profissionais, constatadas em vários episódios já enunciados neste livro.

Buscamos desenvolver com o grupo a tomada de consciência sobre si mesmas, sobre suas relações com o mundo, com a profissão e com a instituição em que desenvolvem seu ofício, de maneira que pudessem questionar e, eventualmente, modificar a forma pela qual construíram suas identidades pessoais em relação à profissão. Trata-se de um caminho para que a transformação pessoal produza condições para a transformação das práticas.

Segundo Larrosa (2002), as práticas dos(as) professores(as) não se relacionam com o que eles(as) sabem, com suas competências profissionais, mas com o que eles(as) são, com o valor e o sentido que conferem à sua prática, com sua autoconsciência profissional. Trata-se de produzir, capturar e mediar pedagogicamente alguma modalidade da relação da pessoa consigo mesma com o objetivo explícito de sua transformação. Ver-se de outro modo, dizer-se, julgar-se de outra maneira, atuar sobre si mesmo(a) é o que caracteriza a infinitude humana, consequência da crítica e da liberdade.

Foi nosso propósito, especialmente nas narrativas e nos encontros, criar as condições para a promoção de experiências – tanto as já vividas, que puderam ser compartilhadas e ressignificadas, como a própria experiência de Pesquisa/Formação. Atitude que nos fez compreender, ainda mais, a dimensão da "ex-posição" de que nos fala Larrosa. Consideramos, assim, que tornar-nos sensíveis para essa compreensão parece ser uma das tarefas dos(as) formadores(as) de formadores(as).

O(a) interlocutor(a), em trabalhos dessa natureza, enseja aprendizagens, colaborando para a desconstrução e/ou reconstrução de paradigmas e trazendo elementos para novas construções, por vezes em outras bases.

As dimensões pessoal e profissional, construídas em diálogo, e a consciência sobre elas representam grande desafio a ser enfrentado por todos: gestores(as) de políticas de formação de educadores(as) e os(as) próprios(as) educadores(as). Quando educadoras de creche, professoras de pré-escola e estagiárias tomam consciência dessas dimensões, parece estar sendo sedimentada uma base, um trilho sobre o qual a formação profissional possa deslizar. Vejamos como essas reflexões se foram processando e como as colaboradoras passaram a tomar consciência das razões das "escolhas" profissionais como resposta a necessidades pessoais produzidas na infância, nas experiências manifestadas em atos plenos de "ex-posição":

> *Depois de fazer o relato autobiográfico percebi o porquê do bloqueio que tenho em matemática. Apesar disso sempre gostei de brincar de escolinha e aos 15 anos já estava trabalhando com evangelização de crianças na instituição assistencial mantenedora da creche (Ana Beatriz – educadora/Creche Sementinha).*

São histórias pessoais entrecruzadas com as histórias coletivas, uma base profissional construída na/pela condição feminina, explicitando, portanto, a dimensão da pertença à história das mulheres em nossa sociedade. Novamente, nas palavras de uma professora, as identidades estão sendo produzidas pelo olhar do outro:

> *Ao ouvir as colegas, fui pensando melhor sobre mim mesma. Tudo isso serve para fazermos relações com a vida de cada uma. É muito bom isso (Mônica – professora/EMEIEF Gabriel Silva Santos).*

Os encontros possibilitaram um exame mais aprofundado da articulação entre teoria e prática, no qual a reflexão – sobre o sujeito que se era, sobre a profissional que se desejava ser e sobre a qualidade da formação – teve lugar central. Tais reflexões levaram a um autoexame que começou a fazer sentido na visualização de uma concepção de criança, de infância e de educação infantil que precisava ser modificada. Assim uma estagiária se manifestou:

> *Hoje, o último dia destinado aos encontros, acho que consigo pensar sobre a prática. Percebo que estou mais madura. Precisarei continuar essas reflexões de alguma forma (Maria Eugênia).*

Proporcionaram ainda a inversão de papéis, possibilitaram escutar, ver o outro, um sujeito diferente de si, promovendo identificações com o que era trazido pelas colaboradoras e pela professora/pesquisadora. Além desse exercício de identificações e de produção do coletivo, por vários momentos tivemos a oportunidade de indagar sobre a inversão de papéis, ou seja, sobre como atuariam se estivessem em funções de coordenação e/ou de direção, responsáveis pela formação das educadoras. Nesses momentos, fazia-se necessária a descentração dos pontos de vista: ver o outro com outro olhar, já não um olhar de quem recebe passivamente programas de formação, mas de quem é também responsável por eles – um exercício de admiração (ver de longe).

As professoras de pré-escola e as estagiárias pareciam situar-se no mesmo patamar reflexivo, diferenciando-se das educadoras de creche, que vivenciaram um processo mais lento no que se refere à dimensão profissional. Embora a adesão à Pesquisa/Formação tenha sido voluntária, ao longo dos encontros fomos percebendo mudanças na forma de envolvimento das educadoras. Compreendemos que houve mudanças nas práticas e nas atitudes observadas diretamente no trabalho com as crianças.

No subgrupo da creche, havia maior envolvimento das estagiárias que das educadoras, ocorrência que se explica ou porque os encontros ocorriam ao final de um dia intenso de trabalho ou, talvez, pelo fato de as educadoras se acanharem diante das explicações e elaborações das estagiárias, as quais envolviam saberes teóricos que aquelas ainda não se sentiam preparadas para manifestar.

Por outro lado, as práticas situam-se em um terreno que necessita de mediação para que haja reflexão sobre elas. Compreendemos que, no caso das creches, essa mediação ainda não estava suficientemente desenvolvida, o que explica o fato de as educadoras se referirem mais às práticas, sendo necessário, pois, levar em conta essa diversidade em programas de formação de professores(as) de educação infantil.

Nesse sentido, consideramos que a dimensão pessoal das identidades profissionais é construída em processo. Tal circunstância pode revelar a dificuldade das educadoras desse segmento de perceberem-se como profissionais, ao considerarem o trabalho uma ocupação profissional transitória que será substituída tão logo consigam melhor atividade remunerada. Isso ocorre especialmente com as educadoras das creches assistenciais, que apresentam alta rotatividade de pessoal.

Retomando Dubar (1997), em sua definição de identidades profissionais – "construções sociais que implicam a interação entre as trajetórias individuais e os sistemas de emprego, de trabalho e de formação" –, e considerando os contextos e as condições de trabalho, entendemos que as educadoras de creche se situam em uma condição inferior à das professoras de pré-escola no que se refere aos momentos das identidades ou ciclos, também definidos pelo autor (da construção da identidade, da consolidação e do envelhecimento); elas parecem situar-se, juntamente com as estagiárias, no momento da construção, ou seja, na fase inicial, de entrada na carreira profissional. Essa realidade observada nas creches assistenciais apresenta-se como um dificultador na consolidação da profissão de professores(as) de educação infantil, a qual requer, a exemplo de outras profissões, um tempo para sedimentação em um terreno caracterizado socialmente por um conjunto de práticas consubstanciado na cultura profissional.

Nessa ótica, Carrolo (1997) adverte que as identidades profissionais se constituem em termos individuais e grupais. No plano individual, realizam-se no decurso da carreira, sendo necessário um acompanhamento em longo prazo. No plano grupal, valem-se da cultura profissional, de poder assegurar a sobrevivência do grupo e a definição de estratégias identitárias adaptadas a cada realidade histórica e social. Parece que, nos dois planos, as educadoras de creche apresentam uma condição diferenciada.

Quanto às *maneiras de ser e estar na profissão* (Nóvoa, 1992), as profissionais da creche e da pré-escola situam-se em circunstâncias também diferenciadas. Para as primeiras, as questões que se apresentam na profissão incluem-se em uma perspectiva mais prática do que teórica, em que os saberes ligados aos cuidados com a criança sobressaem aos saberes teóricos. A maternagem (paciência, amor, atenção, segurança, observação), considerada a base profissional das educadoras de creches, revela-se um fazer que é objeto de pouca reflexão e que é caracterizado pela reprodução do aprendido na família e na escola, algo próprio de uma profissão construída sob o signo do feminino. No caso da relação com a escola, as significações negativas, vinculadas ao fracasso escolar individual, sobressaem. Levar em conta essas significações parece condição essencial em programas de formação.

As professoras de pré-escola manifestaram-se de maneira diversa. Expuseram o que faziam numa perspectiva mais teórica do que prática, tendo explicações para quase tudo o que se refere ao fazer com a criança nesse nível educacional. Quando questionadas sobre as origens teóricas de suas práticas, na maioria das vezes não conseguiram perceber, de fato, as teorias que as sustentavam, mas, de todo modo, explicaram-nas como ações que desenvolvem a cognição das crianças, em que pese a insuficiência dessa concepção como recorte único para o entendimento da educação infantil.

As estagiárias assumiram uma condição reflexiva antes mesmo do ingresso na profissão, examinando as práticas das educadoras e ensaiando interpretações teóricas frequentemente permeadas pela consciência de sua condição e de seus limites pessoais.

Para todas, construir identidades profissionais conjugando a educação e o cuidado de crianças pequenas em instituições de educação infantil implica possibilitar a ressignificação dos saberes construídos ao longo da vida, na perspectiva de estudante, assim como a reconstrução da imagem de escola como local de aprendizagens, trocas, interações e significações. São saberes invisíveis que revelam sua importância ao serem trazidos à luz da reflexão teórica e prática.

Paralelamente a isso, consideramos que a imagem da criança usuária dos serviços de educação infantil também necessita passar por revisão, assim como a de suas famílias. Uma criança real, de creche ou de pré-escola, no lugar da criança idealizada, cuja origem, de maneira geral, remonta a uma visão romântica, culturalmente associada a um ser fragilizado, sem capacidades próprias. No caso das famílias, observamos a necessidade de ampliação do conceito, conjugando tolerância, respeito à diversidade e apoio profissional para o trabalho com elas. Uma revisão que requer condições especiais de formação, que ultrapasse a reprodução de modelos e de técnicas, que supere a dicotomia existente entre teoria e prática, promovendo condições para o exercício da *práxis*.

O apoio, o reconhecimento e a valorização profissional configuram formas de pertença. Quando não ocorrem, parece existir um bloqueio, práticas de manutenção do já existente, falta de motivação para mudanças. Reconhecer o outro profissionalmente é admitir como certas suas práticas, suas atitudes, o que supõe a definição do que seja certo ou errado no campo profissional. Na área da educação infantil, no Brasil, passamos por um momento de grande produção teórica sobre o trabalho com esse segmento etário, porém com pouca penetração no universo das educadoras de crianças pequenas, a quem, na melhor das hipóteses, essas produções são apresentadas mais como modelos a ser seguidos do que como alternativas a ser problematizadas e reconstruídas para um saber fazer significativo para as educadoras, as crianças e suas famílias e as equipes de trabalho.

A pouca visibilidade dada às educadoras como sujeitos dos programas de formação parece indicar a necessidade de que tais programas considerem as dimensões pessoal, profissional e institucional. A concentração em ações formativas que atendam só aos limites da atuação profissional – com uma maneira de conceber a formação na perspectiva do deficit, tratando de adicionar novos saberes cumulativamente aos saberes de domínio das educadoras, para resultar em novas ações com as crianças – necessita ser revista.

Segundo Dubar:

> *A transação objetiva entre os indivíduos e as instituições é, antes de mais nada, aquela que se organiza à volta do reconhecimento e do não reconhecimento das competências, dos saberes e das imagens de si que constituem os núcleos duros das identidades reivindicadas (Dubar, 1997, p. 188).*

É sabido que o ser humano necessita de reconhecimento por suas ações, e não só as crianças pequenas. Estas muito mais, por atravessarem um período importante na construção de uma identidade pessoal que se desenvolverá ao longo da vida e pela maior dependência da aprovação dos adultos que a cercam. Os(as) professores(as) de educação infantil clamam pelo reconhecimento de suas ações para que possam saber os limites do certo e do errado, no intuito de fazerem melhor seu trabalho. Anunciam, assim, a busca por um *ethos profissional* na forma de um fazer que possa ser recomendado ao outro. Rios colabora nessa compreensão, quando diz:

> *No* "ethos" *manifesta-se um aspecto fundamental da existência humana: a criação de valores. Valorizar é relacionar-se com o mundo, não se mostrando indiferente a ele, dando-lhe uma significação. Há valores de diversos tipos: afirmamos que algo é verdadeiro ou falso, bonito ou feio, útil ou inútil, bom ou mau. São desse último tipo aqueles valores que usamos para qualificar a conduta. É aí que se relacionam costume e valor. Tende-se a qualificar como boa ou correta uma conduta que seja costumeira e a estranhar, e mesmo a qualificar de má, uma conduta a que não se está acostumado (Rios, 2001, p. 102).*

As parcerias, as cumplicidades entre pares de colegas, identificadas pelas educadoras como maneiras de atuarem profissionalmente, foram as alternativas encontradas por elas, especialmente pelas professoras de pré-escola, para fazerem frente à condição institucional de falta de apoio, reconhecimento e valorização profissional. Sendo assim, as identidades vão sendo construídas nos limites da própria existência.

As manifestações das colaboradoras identificaram os limites institucionais existentes para as creches e para as pré-escolas, a falta de autonomia dessas instituições em relação aos órgãos superiores, situação que colabora para que as profissionais se sintam reproduzindo modelos, desenvolvendo ações mecânicas, respondendo mais ao controle externo do que às necessidades internas, no que se refere tanto às condições de exercício profissional quanto às condições institucionais. A falta de apoio para o trabalho pedagógico com as crianças e suas famílias também corresponde a mais um fator de constrangimento, considerado relevante pelos dois subgrupos, da creche e da pré-escola.

Segundo as profissionais da creche, as condições estruturais – como a jornada de trabalho, que disponibiliza um tempo reduzido para a reflexão individual e coletiva sobre o exercício da profissão, a falta de suporte material e, sobretudo, a formação requerida quando da seleção das educadoras – dificultavam a plena efetivação de uma ação pedagógica. Tais condições, se não lhes impediam o desenvolvimento profissional, traziam-lhes embaraços cotidianos, pois elas dedicavam parte considerável do tempo de trabalho à resolução de dilemas práticos, causados por improvisações, tempo esse que poderia ser utilizado para o dimensionamento da ação pedagógica, para reflexões e encaminhamentos de soluções individuais e coletivas às questões trazidas pelo labor cotidiano, o que poderia produzir mudanças significativas para todos os envolvidos.

As professoras da pré-escola, ao mencionarem questões relativas à gestão das unidades escolares e à falta de autonomia profissional e institucional, criticaram a impessoalidade das relações e a descontinuidade das políticas. Para elas, os(as) professores(as) são os(as) últimos(as) a ser ouvidos(as) e, quando o são, seus desejos, preocupações e necessidades parecem não afetar as decisões governamentais. Tais percepções das profissionais de creche e de pré-escola induzem-nos a pensar nos modelos de formação docente em que estão pautadas as políticas nessa área.

Pensar o desenvolvimento profissional aliado ao desenvolvimento institucional implica o reconhecimento dos contextos e a necessidade de suporte humano e material. Alguns estudos sobre esse tema têm considerado o caráter sistêmico do processo de melhoria da escola, o que significa que uma parte influencia as outras, porém, se não houver envolvimento e empenho dos(as) professores(as), essa melhoria e inovação podem não se fazer sentir (Oliveira-Formosinho; Formosinho, 2001).

As professoras de pré-escola acentuaram a distância existente entre suas Necessidades Formativas e os programas de Formação Contínua de professores(as), os quais, caracterizando-se pela descontinuidade, conformavam uma cultura profissional dissociada nas dimensões pessoal, profissional e institucional.

A relação interpessoal, no ambiente de trabalho, foi outro fator de constrangimento enfatizado pelas educadoras. As educadoras de creche pareciam ressentir-se da forma como eram definidas as ações administrativas, que não dialogavam com suas necessidades, das crianças ou de suas famílias. Embora existisse respeito às ações coletivas, identificaram uma distância entre a dimensão administrativa e a pedagógica nessas instituições. As professoras de pré-escola alegaram nutrir ressentimentos pela forma como as relações humanas ocorriam na instituição, favorecendo o isolamento pessoal e profissional, que terminava por influir na qualidade da educação oferecida às crianças.

As educadoras de creche demonstravam encontrar-se numa bifurcação de caminhos entre as dimensões do cuidado e da educação, priorizando o primeiro. As professoras de pré-escola pareciam estar mais preocupadas com a preparação das crianças para o ensino formal, a escola obrigatória, não ficando explicitada a dimensão dos cuidados.

A representação feita pela sociedade no que diz respeito a professores(as) de educação infantil (na perspectiva das educadoras de creche, das professoras de pré-escola e das estagiárias) acompanha essa mesma condição encontrada nas reflexões das colaboradoras: às vezes se destaca a imagem de cuidadoras, às vezes a de professoras. Esse conflito, que se reflete no sujeito, na profissão e na própria instituição de educação infantil, carece de superação. Sem considerar as construções sócio-históricas e culturais das duas instituições, parece incompreensível uni-las, como determina a política educacional vigente.

Olhando as necessidades manifestadas pelo grupo, de maneira geral, consideramos que, para conseguirem articular a educação e os cuidados em seu saber fazer, as professoras de educação infantil parecem precisar ser cuidadas e educadas profissionalmente, no sentido de receber apoio, para que venham a fazer o mesmo com as crianças pequenas.

Considerando que o "eu" só pode ser identificado como tal no reconhecimento do outro acerca do "eu" que sou (Dubar, 1997), acrescentamos ao educar e ao cuidar o socializar. Socializar as professoras de educação infantil por meio de ações formativas que não segmentem o sujeito, o profissional e o institucional, mas promovam a unidade, garantindo-lhes reconhecimentos recíprocos, em que as práticas e as experiências possam pôr em questão – na Formação Universitária, na Formação Contínua ou ainda no diálogo entre as duas – as concepções preconcebidas e sedimentadas em vários níveis formativos. A Pesquisa/Formação forneceu elementos importantes para pensarmos a formação integrada nessa direção.

VI

Educação-cuidado (e socialização) de professores(as) de educação infantil como possibilidade de formação

"Não quero faca nem queijo. Quero a fome"
(Adélia Prado, 1999, p. 157).

Sendo a educação infantil um campo em construção, de conquista recente na legislação brasileira, consideramos um avanço elevá-la ao *status* de primeiro degrau da educação básica, mesmo que de atendimento não obrigatório. Sendo assim, o desafio que parece apresentar-se nessa área é a definição sobre a que infância estamos nos referindo, sobre quais são as instituições e as culturas que foram engendradas nesses itinerários e, principalmente, sobre os(as) professores(as) de educação infantil, seus saberes e identidades. Se o(a) professor(a) é o(a) profissional indicado(a) para trabalhar com a criança pequena, e se as instituições de educação infantil estão vinculadas aos sistemas de ensino, cabe-nos qualificar esse(a) profissional no campo da educação, e a revelação das histórias pessoal, profissional e institucional mostrou ser importante para que se possa não só compreender o atual momento que estamos vivendo nessa área, mas também apontar alternativas para o futuro, na perspectiva do caminho que se quer trilhar.

No caso do presente livro, o caminho que queremos apontar é o da melhoria da qualidade do trabalho oferecido às crianças em instituições de educação infantil. Essa melhoria incide diretamente na qualificação dos(as) professores(as) de educação infantil para esse segmento etário como um(a) profissional com condições de fazer valer o direito social e humano das crianças de ser educadas e cuidadas, de viver plenamente a infância. Parece-nos condição para que isso se realize que os(as) próprios(as) professores(as) tenham acesso a espaços e tempos de educação, entendida como cuidados, apoio, pertença, reconhecimento e socialização profissional em espaços integrados de formação por meio de trocas, reflexões e debates.

A promoção do diálogo entre as três instituições (creche, pré-escola e universidade) revelou-se imprescindível e necessária tanto para a Formação Universitária quanto para a Formação Contínua, num exercício de troca profícua. Buscamos compreender essas identidades no cenário mais amplo da infância brasileira e da formação desses(as) profissionais.

Considerar as identidades profissionais de professores(as) de educação infantil como plurais parece-nos uma necessidade na formação dos(as) estudantes/futuros(as) educadores(as) em uma perspectiva que identifique o cenário de construção dessas identidades.

Os procedimentos metodológicos utilizados, mais do que auxiliar na amplificação das vozes das educadoras, tentaram, por meio das narrativas escritas e orais e dos encontros de Pesquisa/Formação, dar conta de fazer emergir essas identidades plurais e proporcionar às colaboradoras uma vivência de coletividade. Isso parece ter contribuído para o estabelecimento de nova cultura formativa no interior dessas instituições educacionais, possibilitando a aproximação entre estagiárias, educadoras de creche e professoras de pré-escola, configurando diferentes tempos de aprendizagem e provocando situações em que elas pudessem ver-se na condição de educadoras de crianças pequenas, independentemente de atuarem ou virem a atuar em creches ou pré-escolas. Dessa maneira, não pretendemos realizar um estudo *sobre* as educadoras, mas *com* elas.

Identificamos como obstáculo ao processo de revelação das identidades o fato de o trabalho com a criança pequena, seja em creches, seja em pré-escolas, estar muito próximo daquele desenvolvido pelas famílias, o que por vezes impossibilita clara distinção das funções institucionais da creche ou pré-escola e da família. Para que esta assuma, com o Estado, a educação da criança pequena, convém rever papéis que historicamente foram muito definidos em nossa cultura para a criança, para a mulher e para a família em si, para as instituições educacionais e para a educadora de crianças pequenas.

Tais papéis estão modificando-se: a criança pequena é hoje compreendida como um ser com capacidades, sujeito de direitos desde a gestação no útero materno, um ser produtor de culturas, já não um "infante" que precisa da voz do outro, do adulto, para fazer-se perceber socialmente. A mulher brasileira, de maneira geral, avançou muito no que diz respeito à sua independência e a condições de profissionalização; sobretudo nos estratos mais empobrecidos da população, nas famílias usuárias do serviço de creches, há grande contingente de mulheres que representam o esteio familiar, cumprindo, na maioria das vezes simultaneamente, os papéis de educadora e de provedora do sustento familiar, entre outros. As famílias (no plural), como instituição social, também passam por grandes transformações, e a revisão dos papéis de homem, de mulher e de criança insere-se na ordem do dia.

As instituições de educação infantil também estão passando por mudanças em sua estrutura e funcionamento e na qualificação de seus(suas) profissionais. Hoje, subordinadas aos sistemas municipais de ensino, observam-se experiências que têm representado avanços e, em outros casos, retrocessos. Não foi propósito desta obra realizar a avaliação dessa realidade, mas sabemos que, em alguns casos, a passagem das creches para a área da educação representou só a mudança do local oficial de subordinação institucional, prevalecendo a ideia do "filho bastardo" – as creches – que teve requerido o reconhecimento de sua paternidade e passa a ser tolerado pelas "filhas legítimas" – a pré-escola e a escola formal –, que já se encontravam sob a "guarda paterna", a área da educação.

As culturas que foram e são produzidas tanto pela creche quanto pela pré-escola necessitam ser redimensionadas e ressignificadas no que concerne ao que elas realizaram em seus(suas) profissionais, de maneira geral, e nas crianças, principais destinatárias desses programas.

Considerando que as identidades profissionais não são estáticas, mas estão em permanente movimento, como um lugar de conflitos entre maneiras de ser e estar na profissão (Nóvoa, 1992), observamos, neste trabalho, a existência de uma crise de identidade por parte das educadoras de creche, das professoras de pré-escola e das estagiárias.

As educadoras das creches mantidas por instituições assistenciais, no caso do presente estudo, construíram um caminho isolado que as mantinha quase confinadas aos tempos e espaços institucionais, dificultando ainda sua inserção na área educacional. Elas carregavam um perfil de maternagem, de atributos ligados diretamente aos cuidados com a criança, que se associavam, de maneira geral, à origem institucional de guarda e proteção, às precárias condições de trabalho, de exercício e de qualificação profissional nessas instituições. Consideramos que os cuidados são necessários não só para a creche, mas também para todas as instituições educativas, mas reduzir o perfil da educadora de crianças pequenas a esse aspecto restringe sua qualificação como profissional.

As educadoras de creche pareciam seguir reproduzindo ações, traduzidas na forma de imitação da professora tal qual a imaginavam, o mesmo ocorrendo com a imagem da escola de caráter instrucional, assumida como referência. Por outro lado, apresentavam-se como cuidadoras, "tomando conta" das crianças, o que também reduzia sua função de educadoras. Nesse cenário ambíguo de tarefas em que sua identidade era tecida, a noção de pertença profissional ficava prejudicada, assim como os saberes profissionais e a reflexão sobre a própria instituição educacional, em decorrência da grande mobilidade de pessoal existente nessas instituições. Vale ressaltar que a consciência das educadoras de creche sobre a dimensão institucional da profissão se mostrou escassa se comparada à das professoras de pré-escola, que manifestaram uma cultura profissional consolidada.

As professoras de pré-escola também viviam uma crise de identidade profissional, seja pela formação recebida, que, segundo seus relatos, não lhes trouxe muitos elementos para a compreensão da criança real e de suas famílias, com as quais elas interagiam todos os dias – configuração que tendeu a transformá-las em preparadoras das crianças para a escola obrigatória –, seja pelas condições institucionais de trabalho. Embora se situassem em rede, uma rede de instituições educacionais que lhes possibilitava a noção de pertença profissional, pois eram professoras de pré-escola formadas para tal, e contassem com estabilidade profissional e condições de trabalho superiores às das educadoras de creches assistenciais, os isolamentos, a desvalorização, o não reconhecimento profissional, a qualidade das relações interpessoais contribuíam para que suas identidades se encontrassem abaladas.

As estagiárias, aspirantes a professoras de educação infantil, problematizaram a unidade teoria e prática – o centro da produção de suas identidades profissionais –, mostrando-se preocupadas com o cenário multifacetado que enfrentariam no exercício profissional. Reconheceram que os saberes teóricos não dão conta da complexidade da prática e puseram-se no lugar das educadoras, buscando compreender as razões que justificavam suas ações e prevendo situações, conflitos que teriam de administrar e mudanças que teriam de empreender nos planos pessoal, profissional e institucional.

As estagiárias revelaram grande sensibilidade na leitura da realidade de creches e pré-escolas e das identidades profissionais de educadoras de crianças pequenas. Também as problematizações em aula ou nos encontros de Pesquisa/Formação, em que tiveram a oportunidade de exercitar o "como se fosse", foram úteis na construção de saberes profissionais reais e não imaginários. Assumiram, em alguns casos, parcerias com as educadoras, vislumbrando maneiras de inverter a lógica do ensinar e do aprender. Em algumas situações, a educadora não ensinava, mas aprendia com a estagiária. Tratava-se de temporalidades distintas e sujeitos diferenciados provendo aprendizagens.

No diálogo entre instituição de educação infantil e universidade, a presente obra indica que o estágio curricular, que tem a pesquisa como eixo de formação, serve para promover parcerias e, ao conjugar a relação entre teoria e prática, pode fomentar transformações nesta última, possibilitando mudanças em teorias preconcebidas. A análise sobre o sujeito, sobre a profissional que se deseja ser e sobre a qualidade de sua formação, em interação com as práticas profissionais, representa um marco decisivo na formação universitária e na formação contínua das profissionais que atuam nas instituições de educação infantil.

O contato direto das estagiárias com as educadoras não só por ocasião do estágio, mas também na participação dos grupos de Pesquisa/Formação, representou para as primeiras uma possibilidade de conhecer a realidade educacional nessa área na condição de copartícipes do processo, sensibilizando-se diante da diversidade que enfrentariam como profissionais e, portanto, desenvolvendo habilidades profissionais de pesquisa e de formação.

As educadoras das duas instituições (creche e pré-escola) tiveram a oportunidade de explicitar suas identidades, podendo delas apropriar-se. Além disso, as narrativas e a participação nos grupos de Pesquisa/Formação puderam revelar os contextos e oferecer nova dimensão do ensinar e do aprender tanto às educadoras quanto às estagiárias.

Para a professora/pesquisadora, os ganhos foram muitos. De início, acreditávamos na pesquisa-ação colaborativa e já desenvolvíamos ações nessa direção. Fazendo, porém, o caminho ao caminhar, fomos descobrindo a potencialidade desse tipo de pesquisa, no sentido de possibilitar o protagonismo de seus(suas) participantes, ao mesmo tempo que íamos dimensionando a diversidade de identidades imbricadas nesse processo. Todos nós, participantes, fomos tocados de uma maneira ou de outra. O desenvolvimento dessa sensibilidade formativa representou, para nós, grande experiência.

Pretendemos, também, com esse esforço investigativo, contribuir para a produção de políticas públicas na área de formação de professores(as) de educação infantil, intencionando aproximar as educadoras de creches e de pré-escolas nessa tarefa, na superação da imagem do vazio entre as duas instituições representada pelas colaboradoras. Nessa perspectiva, nosso entendimento de política pública é o mesmo de Collares:

> *Uma política é pública quando é de domínio público; quando é publicamente estabelecida, isto é, são explicitados a análise das diferentes necessidades, os instrumentos para sua percepção, os critérios para o estabelecimento de prioridades etc.; não apenas explicitados, mas submetidos à interlocução com os setores diretamente envolvidos com o seu campo de intervenção. Os projetos e ações que visam concretizar uma política pública devem igualmente ser objeto de análise, críticas e debates; para tanto, sua fundamentação teórica, seus objetivos reais, os resultados esperados e critérios de avaliação, sua forma de implantação, devem também ser de domínio público (Collares, 1996, p. 67).*

Oxalá um dia os(as) educadores(as) sejam chamados(as) a propor políticas públicas em Educação e estas obedeçam a uma lógica mais horizontalizada nos sistemas de ensino.

Pretendemos que as considerações aqui apresentadas contribuam para lançar luzes sobre as políticas públicas para as crianças pequenas, sobretudo luzes que incidam sobre a formação conjunta de educadoras, independentemente de atuarem ou virem a atuar em creches ou em pré-escolas, luzes sobre a integração das histórias pessoais, profissionais e institucionais.

Falar em educação da infância, hoje, é estimular a revelação de histórias produzidas em cenários separados. Integrá-las, então, não é uma tarefa somente administrativa ou de definição governamental, mas eminentemente de processo pedagógico, de formação profissional.

Mas, se as situações de mudanças podem ser propulsoras de avanços, repensando o antes, o durante e o depois, em uma visão de processo, entendemos que nelas podemos visualizar as janelas para sua superação. Vamos, então, pontuar, a título de síntese, algumas das considerações esboçadas ao longo deste texto.

A aproximação com o conceito de identidade profissional mostrou-nos ser ele conceito dinâmico, em movimento. Mostrou-nos ainda o papel das subjetividades, da ideia central de pertença a um grupo profissional e do lugar em que cada um se situa no mundo e na profissão. Impõe-se, dessa forma, a relevância da afetividade, das produções de sentido, das significações construídas pelos sujeitos e dos contextos em que eles se movimentam e se relacionam, encontrando no reconhecimento condição para a produção de identidades. O olhar do outro é importante nesses processos e apresenta-se sempre carregado de valores, de avaliações construídas em dado contexto sociocultural. No caso das instituições educacionais, esse reconhecimento profissional, associado ao "ethos *profissional*", apresenta-se como o alicerce para a sustentação das identidades, sejam elas pessoais, profissionais ou mesmo institucionais, e as identidades profissionais são tecidas na significação social da profissão.

No caso de professores(as) de educação infantil, a identidade profissional refere-se à capacidade de promoção de múltiplas interações pela pertença, ou não, a um grupo profissional, pelos vínculos que caracterizam o trabalho com a criança pequena, pela relação estabelecida com as crianças e suas famílias e, especialmente, por nova compreensão do ensinar e do aprender, associada à reflexão permanente sobre suas práticas.

O aprofundamento do processo de construção das identidades profissionais de professores(as) de educação infantil desenvolvido nesta investigação indicou que as relações de gênero se apresentam como a base de constituição das identidades dessas profissionais e de uma atividade de entrega, amor e doação. A educação de crianças pequenas, como campo profissional, parece ser, para as colaboradoras, consequência natural de ser mulher, de ter sido formada na família e na escola para essa finalidade. Relações de poder que estão aí implicadas merecem ser trazidas à luz da reflexão.

Destacamos, nesta análise, os saberes invisíveis que essas educadoras carregavam e as ideias que construíam sobre seu ofício. Maneiras de entender a educação e a escola, vinculadas, de forma geral, a histórias de fracassos escolares, marcas mais negativas do que positivas que a escola deixou na vida de cada uma, puderam revelar a distância existente entre as necessidades da infância e as ações promovidas pela escola. Tratava-se de uma história de adaptações, de rupturas e descontinuidades, especialmente para as colaboradoras que frequentaram a pré-escola, relacionando-a com a escola obrigatória. A explicitação desses saberes invisíveis colaborou para a compreensão das instituições no processo formativo de cada uma e em sua ressignificação na condição de educadoras.

Recuperar esse percurso formativo possibilitou um diálogo de cada uma consigo mesma, revelando sentidos, significações, singularidades e problematizações. Ao estabelecerem um paralelismo entre a criança que foram e a criança com as quais trabalhavam, o percurso formativo, que tiveram na família, na escola e na sociedade, foi-se desencadeando, para as colaboradoras, uma situação similar a um espelho, um lugar para refletir imagens, de outrora ou atuais.

Entendendo a formação como a ação que se desenvolve ao longo da vida e da carreira profissional, o estudo aqui apresentado parece indicar que as ações de formação, tanto a universitária quanto a contínua, empreendidas pelos órgãos responsáveis devem dizer respeito diretamente às necessidades e aos anseios profissionais das educadoras, dialogando com as teorias que dão sustentação às suas práticas.

As relações tecidas no âmbito da vida privada, justificadas pela influência de amigos e/ou familiares, e a possibilidade de ser professora, considerada uma ocupação de significação social, foram apresentadas como razões de seu ingresso na profissão de educadoras de crianças pequenas. O tateio por vários caminhos até a definição profissional, numa trajetória mista de estudos e trabalho, revelou a fragilidade da "escolha profissional", cuja matriz se encontrava, por vezes, na infância delas próprias, como forma de ressignificar a educação que tiveram ou ainda como reforço da importância da infância e do prazer que o ser criança representou em suas vidas.

A reflexão sobre esses aspectos possibilitou às colaboradoras ver/ver-se e identificar os saberes que orientavam suas ações. Da parte das educadoras de creche, os saberes relacionavam-se à prática e eram objeto de pouca reflexão. Da parte das professoras de pré-escola, os saberes eram descritos, porém pouco explicados teoricamente. Elas próprias salientaram a insuficiência de sua formação para conseguirem exercer uma ação intelectual sobre suas práticas. As estagiárias apresentaram-se numa atitude reflexiva antes mesmo do exercício profissional. Tais saberes produzidos nesses diferentes contextos reforçam a ideia de pluralidade das identidades de professores(as) de educação infantil.

As participantes da pesquisa manifestaram expectativas profissionais que nos ajudam a compreender melhor os contextos de produção de suas identidades. Aspiravam à valorização e ao reconhecimento profissional, à ampliação de conhecimentos sobre a criança e a maior competência. Apresentaram como Necessidades Formativas a atualização, a existência de uma rotina de estudos e o desenvolvimento de características pessoais de disponibilidade para o trabalho com crianças pequenas, associados a um compromisso pessoal e institucional.

É importante, também, pensar a imagem de criança usuária dos serviços de educação infantil em creches e pré-escolas trazida pelas colaboradoras, a qual contribui para sedimentar uma identidade profissional baseada na tutela, na relação verticalizada de comando e controle do adulto sobre a criança.

O resgate das memórias permitiu que refletissem sobre a imagem da criança que foram e que concepção de criança orienta suas ações e sobre limites e possibilidades pessoais no trabalho com esse segmento etário. Com base na tomada de consciência sobre a criança que foram, puseram em evidência as condições da infância e as transformações que esta sofreu ao longo dos tempos, destacando a importância do lúdico e das interações, revendo as necessidades educativas e de cuidado que tiveram, identificando adultos sensíveis cuja presença se vinculava de forma qualitativa, promovendo condições para a criança ser criança. Esses qualificativos também auxiliaram na reflexão sobre a educadora de crianças pequenas que cada uma era, sobre como cada uma se via e como era vista por seus pares e pela sociedade de maneira geral.

Chamamos a atenção, ainda, para a função da educação infantil segundo as diretrizes do Ministério da Educação, a saber: o educar e o cuidar. Como educar crianças pequenas e delas cuidar se as próprias educadoras, em seus processos de formação profissional, não foram objeto de cuidados, não foram educadas e socializadas profissionalmente de forma suficiente? Como educar e cuidar se a creche, até há bem pouco tempo, sempre cuidou e a pré-escola sempre intencionou escolarizar? As marcas negativas do ensino e da aprendizagem que, em geral, as colaboradoras trazem consigo precisam ser ressignificadas, tendo em vista a produção de nova visão sobre a educação, promotora do desenvolvimento humano, a serviço de outros seres humanos e da humanização. Nesse aspecto, a valorização da experiência vivida e a reflexão permanente sobre as práticas apresentam-se como maneiras privilegiadas de exercício formativo.

Os isolamentos, a impessoalidade, a falta de autonomia e de apoio profissional, visíveis constrangimentos observados pelas participantes da pesquisa como "núcleos duros das identidades", segundo Dubar (1997), podem dar lugar a processos que possibilitem reconhecimento, valorização e apoio recíprocos por meio da promoção do diálogo teórico com as práticas e as experiências, realçando o contexto de produção de identidades e sedimentando valores profissionais construídos no diálogo entre creches, pré-escolas e, posteriormente, escolas de ensino fundamental. Trata-se de criar espaços para a construção conjugada e apoiada de uma cultura, em busca de uma ética capaz de não fragmentar nem hierarquizar as educadoras e o trabalho com crianças pequenas.

Socializar profissionalmente os(as) professores(as) de educação infantil nos grupos de Pesquisa/Formação significou investir na promoção de relações interpessoais, exercidas por meio do respeito, do reconhecimento profissional e, sobretudo, da crença na potencialidade das educadoras e em suas capacidades de mudança. Investir no coletivo de educadores(as) é um passo nessa direção, à medida que motiva manifestações e cria condições de ver, ver-se e rever-se, apoiadas sistematicamente em processos reflexivos que possam sustentar as transformações desejadas e a reinvenção de ações, conjugando processos formativos e de intervenção. A socialização supôs ainda a construção de vínculos, de relações de confiança nas pessoas e nos processos, promovendo encontros. Confiança essa que, de início, era individual e, gradativamente, foi assumida na esfera coletiva, podendo oferecer elementos de questionamentos sobre a dependência de falsas certezas (Hargreaves, 1999).

Além desses, há outros fatores que podem favorecer a tomada de consciência profissional e institucional, como a revelação do *habitus* presente nas práticas das educadoras mediante a reflexão sobre as ações rotineiras e sobre a sobrevivência de um passado ativo e reativado, contribuindo para salientar as significações, ou seja, o que faz sentido para as educadoras, e o desmascaramento da herança da institucionalização, denotando sua historicidade e seu aspecto de controle. Para compreender a instituição, necessária se faz a compreensão da produção de sua história (Sacristán, 1999). Nesse sentido, o levantamento histórico da creche e da pré-escola realizado pelas colaboradoras, além de desenvolver habilidades de pesquisa, possibilitou a compreensão das histórias institucionais, que colaboram em muito na produção das identidades.

Se as identidades se constroem na dimensão relacional, encontrando-se em permanente movimento, e se os saberes são temporais, desenvolvidos ao longo do tempo, na vida e na carreira profissional, os processos de socialização profissional colaboram para a produção e reconstrução desses saberes, estabelecendo um sistema de significações que vai do "eu" ao "nós", uma identidade de si produzida na relação com o outro, a caminho do trabalho coletivo. O sujeito entra em cena e, tornando-se consciente de seus limites e potencialidades, assim como de sua condição profissional e da instituição, pode modificar-se e auxiliar na transformação do outro.

Apontamos a centralidade dos programas de formação de professores(as) de educação infantil, questionando a forma pela qual atuam sobre as imagens de si trazidas pelos(as) educadores(as) e propondo uma formação que considere as educadoras como sujeitos e protagonistas de seu processo formativo, em condições de "ex-posição", de fazer emergir a "ex-periência" a que se refere Larrosa (2002), em contraposição a modelos autoaplicáveis à prática. É importante superar a racionalidade técnica, ir em direção a outro paradigma de formação que tenha a prática e a reflexão sobre os processos formativos como fundamentos. A experiência de formação que ora apresentamos revelou-se uma atividade integradora de ensino, pesquisa e extensão.

No que se refere às identidades de professores(as) de educação infantil que atuam em creches e pré-escolas, a Pesquisa/Formação apontou elementos merecedores de análise. Consideramos a complexidade dos processos formativos e sua não linearidade. Nesse sentido, enfatizamos a importância do resgate dos saberes da experiência, reconhecendo que, em se tratando de educação de adultos, os saberes invisíveis de cada um, construídos no processo formativo na escola, na família e na sociedade, merecem ser trazidos à reflexão para serem ressignificados individual e coletivamente. A história de cada um é, ao mesmo tempo, individual e social. Valorizar a experiência supõe valorizar a heterogeneidade dos processos formativos, promovendo interações. Propomos desenvolver uma perspectiva de formação que valorize o sujeito, a experiência e os contextos, superando a aplicação de mudanças gestadas de fora para dentro das instituições educacionais ou elaboradas por *experts*. Estimular a emergência de coletivos de educadores(as), seja nas instituições educacionais, seja entre as instituições, como decorrência da ação dos diferentes atores desses contextos, foi nosso propósito.

Trata-se de produzir "oficinas de aprendizado de ofício", no dizer de Arroyo (2000), recriando espaços de trocas, e entender a formação como um processo que se desenvolve ao longo da vida, que não se inicia nem termina na formação universitária.

A mediação necessária nesses espaços socializadores é outro fator a ser considerado. O(a) profissional que articula e propõe relações e desafios aos(às) educadores(as) tem importância fundamental na construção de uma cultura de colaboração nas instituições educacionais, em oposição a posturas de controle e de vigilância ainda tão presentes nas práticas de muitos "especialistas" em educação.

Consideramos também importante promover a reflexão sobre a diversidade do trabalho em creches e pré-escolas, que construíram itinerários plurais e hoje compõem a educação infantil, primeira etapa da educação básica, responsabilidade de todos(as) os(as) envolvidos(as): gestores(as) de políticas públicas, o coletivo de profissionais das instituições de educação infantil, as famílias e crianças atendidas por essas instituições e, gradativamente, a sociedade em geral.

Compreender a especificidade dessa profissão, vinculada às características da criança pequena, significou neste livro refletir acerca das relações de gênero como a base de construção das identidades de professoras de educação infantil, o que nos levou a identificar as relações de poder e o lugar de que as educadoras/mulheres falam na produção de suas identidades.

Acreditamos ser importante criar condições para a existência de estabilidade profissional, eliminando a mobilidade atualmente existente, sobretudo nas instituições assistenciais; motivar ações de formação que incidam sobre as dimensões pessoal, profissional e institucional; promover diálogos interinstitucionais entre creche, pré-escola e escola de ensino fundamental e, especialmente, entre instituições de educação infantil mantidas diretamente pelo poder público e as instituições assistenciais, a fim de produzir políticas locais de formação. Lembramos que a criança e as famílias são as mesmas que transitam pelos vários serviços educacionais, e a perspectiva de uma educação da infância supõe ações comuns e não descontínuas, hierarquizadas e/ou propedêuticas.

Nesse sentido, promover ações de formação que integrem, de fato, os(as) profissionais de creche e de pré-escola (e de escola), especialmente os(as) professores(as) de educação infantil, resgatando e explicitando os contextos de produção de suas identidades e dimensionando, em um patamar não segmentado, as ações de educação e cuidados tanto para as creches quanto para as pré-escolas (e as escolas), contribui para situar o olhar formativo no desenvolvimento humano, independentemente de as educadoras atuarem em alguma dessas instituições.

No caso das instituições formadoras de professores(as), consideramos ser necessário rever o estatuto da prática nos cursos de formação, criando as condições estruturais para seu redimensionamento e promovendo ações coletivas com esse propósito. Uma formação que valorize a experiência e a pesquisa sobre a prática pode trazer elementos para repensar o próprio ensino.

Ademais, urge reavaliar os propósitos da docência e da pesquisa, construídos na relação entre universidade e outras instituições educacionais. Quem seriam, de fato, os formadores? Construir vínculos com as escolas implica reavaliar novamente a relação existente entre a teoria e a prática.

E, ainda, apresenta-se como muito importante possibilitar a tomada de consciência dos(as) estudantes sobre as razões que os levaram ao curso de formação de professores(as), resgatando os saberes invisíveis e valorizando os saberes da experiência de que são portadores, a fim de ressignificar tais saberes numa perspectiva de formação humana; possibilitar o acesso dos(as) estudantes ao conhecimento e à cultura, a aprendida e a acumulada, que não se restringe à cultura local, fortalecendo identidades culturais e estimulando a criação cultural.

No que se refere ao estágio curricular, sugerimos que seja assumido como uma atividade coletiva de teoria e prática, propiciando uma leitura problematizadora da realidade observada nos ambientes em que é desenvolvido. A complexidade do real necessita ser trazida à luz das teorias em estudo para ser ressignificada. A capacidade propositiva é outro aspecto a ser estimulado nos programas de estágio, objetivando uma qualidade formativa construída em interação com a realidade e superando a visão "aplicacionista" das teorias desenvolvidas na formação universitária.

Para tanto, parece-nos fundamental estimular o(a) estudante a trilhar o caminho da práxis, que supõe a articulação dialética entre o saber teórico e o saber prático, constituindo uma atividade criadora da prática, a ser construída em ação, com respostas possíveis e viáveis, e não por simulações ou somente por aproximações com a realidade. Como parte integrante do Projeto Pedagógico da instituição formadora, os projetos de estágio necessitam, para sua realização, ser assumidos pelo conjunto dos(as) professores(as) e estudantes do curso. Ao se inserirem na prática profissional por intermédio do estágio, os(as) estudantes precisam de apoio e suporte institucional. O diálogo e a interação com as instituições educacionais que acolherão os(as) estagiários(as), na forma de pactos de colaboração, apresentam-se como ações imprescindíveis, sendo observadas as Necessidades Formativas do coletivo de educadores(as) da instituição colaboradora e a análise crítica das perspectivas de Formação Contínua desenvolvidas pelos órgãos gestores dessas políticas.

Considerar os(as) professores(as) como protagonistas de seus processos formativos significa promover vivências de espaços promotores de identidades, criar as condições estruturais de tempo, espaço e materiais que favoreçam seu desenvolvimento profissional, incentivar o acesso ao conhecimento e à cultura, fortalecendo identidades e estimulando a criação cultural.

A pesquisa parece indicar que programas de formação devem considerar as reais necessidades formativas dos(as) educadores(as), superando a visão de discrepâncias ou de *marketing* (Rodrigues; Esteves, 1993), na busca de um modelo que lhes faculte maior participação na tomada de decisões e, mediante o diálogo e a interlocução com eles, contribua para a produção de políticas públicas cuja implementação seja respaldada por mecanismos de gestão, objetivando a apropriação e a tomada de consciência de suas ações para ensejar inovação e mudanças. Além disso, é necessário que tais programas sejam desenvolvidos diretamente nas instituições educacionais, dialogando e construindo políticas de formação conjuntamente com os(as) educadores(as) e privilegiando ações coletivas protagonizadas por eles(as).

Há que promover também ações que integrem as instituições públicas e assistenciais, creches e pré-escolas (e escolas), em redes ampliadoras de conhecimentos e de experiências – o que difere de enredamento, de confinamento, que provoca o engessamento em lógicas e parâmetros construídos isoladamente –, repensando assim o papel dos(as) chamados(as) "especialistas" na mediação do processo formativo desenvolvido nas instituições educacionais. Ver o(a) educador(a) como um(a) protagonista desse processo é considerá-lo(a) um(a) trabalhador(a) capaz de pensar seu fazer e recriá-lo; um(a) intelectual crítico(a) com competência para não só transformar sua prática, mas, com condições institucionais de colaboração, mudar os contextos em que ela é produzida. O apoio aos processos formativos dos(as) educadores(as) envolve a formação em contextos e a avaliação da perspectiva de formação dos órgãos gestores dos programas de Formação Contínua, observando os tempos implicados nesse caso. De maneira geral, o tempo político não coincide com o tempo pedagógico. As mudanças em educação só ocorrem quando os(as) educadores(as) se convencem disso, de forma indissociável, nos planos pessoal, profissional e institucional.

Ao apresentar o caminho construído pelos(as) professores(as) de educação infantil nos processos de construção de suas identidades, foi evidenciado o papel central da formação nessa construção. Desse ponto de vista, fica o alerta de que o processo de aprender é de autoria e, em grande parte, de responsabilidade do sujeito, que pode querer ou não levá-lo a efeito. Se isso serve para as crianças, deve servir também para os adultos/educadores em processo permanente de formação. Cabe a nós, formadores de formadores, o papel de atraí-los, encantá-los para a formação...

Para terminar assim como iniciamos, queremos afirmar com Prado (1999, p. 157): "Não quero faca nem queijo. Quero a fome." Cuidar de professores(as) de educação infantil, educá-los(as) e socializá-los(as) significa olhá-los(as) com outros olhos, olhos sensíveis que façam emergir a diversidade de suas identidades, contribuindo para implicá-las, trazê-las ao centro da cena, de modo que protagonizem suas histórias e sejam corresponsáveis por elas.

Referências

ABDALLA, Maria de Fátima B. *Formação e desenvolvimento profissional do professor:* o aprender da profissão. 2000. Tese (Doutorado em Educação) – Faculdade de Educação, Universidade de São Paulo, São Paulo, 2000.

ADORNO, Theodor; HORKHEIMER, Max. *Textos escolhidos*. São Paulo: Abril Cultural, 1978.

ALARCÃO, Isabel (org.). *Formação reflexiva de professores*: estratégias de supervisão. Porto: Porto Editora, 1996.

AMARAL, Maria João; MOREIRA, Maria Alfredo; RIBEIRO, Deolinda. O papel do supervisor no desenvolvimento do professor reflexivo: estratégias de supervisão. *In*: ALARCÃO, Isabel (org.). *Formação reflexiva de professores*: estratégias de supervisão. Porto: Porto Editora, 1996. p. 89-122.

ANDRÉ, Marli Eliza D. A pesquisa no cotidiano escolar. *In*: FAZENDA, Ivani C. (org.). *Metodologia da pesquisa educacional*. São Paulo: Cortez Editora, 1989. p. 35-45.

ANGOTTI, Maristela. *Aprendizagem profissional*: os primeiros passos no magistério pré-escolar. 1998. Tese (Doutorado em Educação) – Centro de Educação e Ciências Humanas, Universidade Federal de São Carlos, São Carlos, 1998.

ARENDT, Hannah. *Entre o passado e o futuro*. Tradução de Mauro W. Barbosa. São Paulo: Perspectiva, 1992.

ARROYO, Miguel G. *Ofício de mestre*: imagens e autoimagens. Petrópolis: Vozes, 2000.

ASSMANN, Hugo. *Paradigmas educacionais e corporeidade*. São Paulo: Unimep, 1995.

BENJAMIN, Walter. *Obras escolhidas I*: magia e técnica, arte e política. Tradução de Sergio Paulo Rouanet. São Paulo: Brasiliense, 1987.

BERGER, Peter; LUCKMANN, Thomas. *A construção social da realidade*: tratado de sociologia do conhecimento. Tradução de Floriano S. Fernandes. Petrópolis: Vozes, 1976.

BOBBIO, Norberto. *A era dos direitos*. Rio de Janeiro: Campus, 2004.

BOGDAN, Robert; BIKLEN, Sari. *Investigação qualitativa em educação*: uma introdução à teoria e aos métodos. Porto: Porto Editora, 1997.

BONDIOLI, Anna; MANTOVANI, Susana. *Manual de educação infantil de 0-3 anos*: uma abordagem reflexiva. Porto Alegre: Artes Médicas, 1998.

BOURDIEU, Pierre. *A economia das trocas simbólicas*. Tradução de Sergio Miceli. São Paulo: Perspectiva, 1998.

BOSI, Ecléa. *Memória e sociedade*: lembranças de velhos. São Paulo: Companhia das Letras, 1994.

BUENO, Belmira O. *Autobiografias e formação de professores*: um estudo sobre representações de alunas de um curso de magistério. 1996. Tese (Livre-docência em Educação) – Faculdade de Educação, Universidade de São Paulo, São Paulo, 1996.

CAMPOS, Maria Malta. A formação de professores para crianças de zero a dez anos: modelos em debate. *Educação & Sociedade*, Campinas, ano XX, n. 68, p. 126-142, dez. 1999a.

CAMPOS, Maria Malta. A mulher, a criança e seus direitos. *Cadernos de Pesquisa*, São Paulo, n. 106, p. 117-127, mar. 1999b.

CAMPOS, Maria Malta. Educação infantil: o debate e a pesquisa. *Cadernos de Pesquisa*, São Paulo, n. 101, p. 113-127, jul. 1997.

CAMPOS, Maria Malta. Educar e cuidar: questões sobre o perfil do profissional de educação infantil. *In*: BRASIL. Ministério da Educação e do Desporto. *Por uma política de formação do profissional de educação infantil*. Brasília: MEC: SEF/Coedi, 1994. p. 32-42.

CAMPOS, Maria Malta *et al.* Profissionais de creche. *Cadernos Cedes*, Campinas, n. 9, p. 39-66, 1991.

CANÁRIO, Rui. *A escola tem futuro?*: das promessas às incertezas. Porto Alegre: Artmed, 2006.

CANÁRIO, Rui. A escola: o lugar onde os professores aprendem. *In*: CONGRESSO NACIONAL DE SUPERVISÃO NA FORMAÇÃO, 1., 1997, Aveiro (Portugal). *Anais[...]*. Aveiro: Universidade de Aveiro, dez. 1997. Mimeografado.

CARROLO, Carlos. Formação e identidade profissional dos professores. *In*: ESTRELA, Maria Teresa (org.). *Viver e construir a profissão docente*. Porto: Porto Editora, 1997.

CARVALHO, Marília P. *No coração da sala de aula*. São Paulo: Xamã, 1999.

CASTELLS, Manuel. *O poder da identidade*. Tradução de Klauss B. Gerhardt. São Paulo: Paz e Terra, 1999.

CATANI, Denice B. *et al.* (org.). *Docência, memória e gênero*: estudos sobre formação. São Paulo: Escrituras, 1997.

CENTRO UNIVERSITÁRIO FUNDAÇÃO SANTO ANDRÉ. *Manual de estágio*: curso de Pedagogia – habilitação em Educação Infantil, 2002. Mimeografado.

CERISARA, Ana Beatriz. *Professoras de educação infantil*: entre o feminino e o profissional. São Paulo: Cortez Editora, 2002. (Questões da nossa época, 98).

CERISARA, Ana Beatriz. *A construção da identidade das profissionais de educação infantil*: entre o feminino e o profissional. 1996. Tese (Doutorado em Educação) – Faculdade de Educação, Universidade de São Paulo, São Paulo, 1996.

CHARLOT, Bernard. Formação de professores: a pesquisa e a política educacional. *In*: PIMENTA, Selma G.; GHEDIN, Evandro. *Professor reflexivo no Brasil*: gênese e crítica de um conceito. São Paulo: Cortez Editora, 2002. p. 89-110.

CHERVEL, André. História das disciplinas escolares: reflexões sobre um campo de pesquisa. *Teoria e Educação*, Porto Alegre, n. 2, p. 177-229, 1990.

COLLARES, Cecília A. L. Gestão democrática, política pública e educação continuada. *In*: CONGRESSO ESTADUAL PAULISTA SOBRE FORMAÇÃO DE EDUCADORES, 4., 1996, Águas de São Pedro. *Textos geradores e resumos*. Águas de São Pedro, 1996. p. 65-69. Texto gerador do GT Educação Continuada. Mimeografado.

COLLARES, Cecília A. L.; MOYSÉS, Affonso; GERALDI, João E. Wanderley. Educação continuada: a política da descontinuidade. *Educação & Sociedade*, Campinas, n. 68, p. 202-219, dez. 1999.

CONELLY, F. Michael; CLANDININ, D. Jean. Relatos de experiencia e investigación narrativa. *In*: LARROSA, Jorge *et al. Déjame que te cuente*: ensayos sobre narrativa y educación. Barcelona: Laerts, 1995. p. 11-59.

CUNHA, Maria Isabel. Conta-me agora! As narrativas como alternativas pedagógicas na pesquisa e no ensino. *Revista da Faculdade de Educação*, São Paulo, v. 23, n. 1/2, p. 185-195, jan./dez. 1997.

CUNHA, Maria Isabel. Ensino com pesquisa: a prática do professor universitário. *Cadernos de Pesquisa*, São Paulo, n. 97, p. 31-46, maio 1996.

DENZIN, Norman K.; LINCOLN, Yvonna. *Handbook of qualitative research*. California: Sage, 2000.

DIAS, Marina Célia Moraes. *Saberes essenciais ao educador da primeira infância*: uma reflexão na perspectiva dos seus protagonistas. 1997. Tese (Doutorado em Educação) – Faculdade de Educação, Universidade de São Paulo, São Paulo, 1997.

DIAS DA SILVA, Maria Helena Efrem Galvão. O professor e seu desenvolvimento profissional: superando a visão do algoz incompetente. *Cadernos Cedes*, Campinas, ano XIX, n. 44, p. 33-43, abr. 1998.

DUBAR, Claude. *La crise des identités*: l'interprétation d'une mutation. Paris: Presses Universitaires de France, 2000.

DUBAR, Claude. A sociologia do trabalho frente à qualificação e à competência. *Educação & Sociedade*, Campinas, ano XX, n. 64, p. 87-103, dez. 1998.

DUBAR, Claude. Trajetórias sociais e formas identitárias: alguns esclarecimentos conceituais e metodológicos. *Educação & Sociedade*, Campinas, ano XX, n. 62, p. 13-30, abr. 1998.

DUBAR, Claude. *A socialização*: a construção das identidades sociais e profissionais. Porto: Porto Editora, 1997.

DUTOIT, Rosana. *Formação do educador de creche na dinâmica da construção do projeto educacional.* 1995. Dissertação (Mestrado em Educação) – Faculdade de Educação, Universidade de São Paulo, São Paulo, 1995.

EDUCAÇÃO & SOCIEDADE. *Dossiê*: os saberes dos docentes e sua formação. Campinas: Cedes, ano XXII, v. 22, n. 74, abr. 2001.

EDWARDS, Carolyn. *As cem linguagens da criança*. Porto Alegre: Artes Médicas, 1999.

ELLIOTT, John. Recolocando a pesquisa-ação em seu lugar original e próprio. *In*: GERALDI, Corinta; FIORENTINI, Dario; PEREIRA, Elisabete M. A. (org.). *Cartografias do trabalho docente*. Campinas: Mercado de Letras, 1998. p. 137-152.

ESTEVÃO, Carlos V. Formação, gestão, trabalho e cidadania: contributos para uma sociologia crítica da formação. *Educação & Sociedade*, Campinas, ano XXII, n. 77, p. 185-206, dez. 2001.

ESTRELA, Maria Teresa; LEITE, Isabel Madureira Teresa. Processos de identificação de necessidades: uma reflexão. *Revista de Educação*, Lisboa, v. 8, n. 1, p. 29-47, 1999.

FALK, Judit (org.). *Educar os três primeiros anos*: a experiência de Lóczy. Tradução de Suely Amaral Mello. Araraquara: JM, 2004.

FERNANDES, Florestan. A formação política e o trabalho do professor. *In*: CATANI, Denice B. *et al. Universidade, escola e formação de professores*. São Paulo: Brasiliense, 1987. p. 13-37.

FERNÁNDEZ-ENGUITA, Mariano. *Educar em tempos incertos*. Porto Alegre: Artmed, 2003.

FERNÁNDEZ-ENGUITA, Mariano. A ambiguidade da docência: entre o profissionalismo e a proletarização. *Teoria e Educação* – Dossiê: interpretando o trabalho docente, Porto Alegre, n. 4, p. 41-61, 1991.

FERRAROTTI, Franco. Sobre a autonomia do método biográfico. *In*: NÓVOA, António; FINGER, Mathias (org.). *O método (auto)biográfico e a formação*. Lisboa: Ministério da Saúde, Departamento de Recursos Humanos da Saúde, Centro de Formação e Aperfeiçoamento Profissional, 1988. (Cadernos de formação, 1).

FORMOSINHO, João. A academização da formação dos professores de crianças. *Infância e Educação*: Investigação e Práticas, Lisboa, n. 4, p. 19-35, set. 2002.

FORMOSINHO, João. Teacher education policies in the European Union. *In*: CONFERENCE ON TEACHER EDUCATION POLICIES IN THE EUROPEAN UNION AND QUALITY OF LIFELONG LEARNING, 2000, Loulé (Portugal). *Proceedings*... Loulé, 22-23 May, 2000. Mimeografado.

FORMOSINHO, João; ILÍDIO FERREIRA, Fernando; MACHADO, Joaquim. Universitarização da formação de professores e profissionalidade docente. *Revista Galego-Portuguesa de Psicoloxía e Educación*, A Coruña: Universidade da Coruña, v. 6, ano IV, n. 4, p. 345-351, 2000.

FÓRUM PAULISTA DE EDUCAÇÃO INFANTIL. *A formação dos profissionais docentes e não docentes na educação infantil*, 2001. Mimeografado.

FREIRE, Paulo. *Pedagogia da autonomia*: saberes necessários à prática educativa. São Paulo: Paz e Terra, 1997.

FREIRE, Paulo. *Pedagogia do oprimido*. São Paulo: Paz e Terra, 1978.

FUSARI, José C. *Formação contínua de professores*: um estudo de representações de coordenadores pedagógicos da Secretaria Municipal de Educação de São Paulo. 1997. Tese (Doutorado em Educação) – Faculdade de Educação, Universidade de São Paulo, São Paulo, 1997.

FUSARI, José C.; RIOS, Terezinha A. Formação continuada dos profissionais do ensino. *Cadernos Cedes*, Campinas, n. 36, 1995.

GARCIA, Carlos Marcelo. *Formação de professores para uma mudança educativa*. Porto: Porto Editora, 1999.

GARCIA, Carlos Marcelo. A formação de professores: novas perspectivas baseadas na investigação sobre o pensamento do professor. *In*: NÓVOA, António (coord.). *Os professores e sua formação*. Lisboa: Dom Quixote, 1992. p. 51-76.

GARCIA, Regina Leite; LEITE FILHO, Aristeo (org.). *Em defesa da educação infantil.* Rio de Janeiro: DP&A, 2001.

GARRIDO, Elsa; PIMENTA, Selma Garrido; MOURA, Manoel Oriosvaldo de. A pesquisa colaborativa na escola como abordagem facilitadora para o desenvolvimento da profissão do professor. *In*: MARIN, Alda. *Formação continuada*. Campinas: Papirus, 2000. p. 89-112.

GATTI, Bernardete A.; BARRETO, Elba S. (coord.). *Professores do Brasil*: impasses e desafios. Brasília: Unesco, 2009.

GAUTHIER, C. *et al. Por uma teoria da pedagogia*: pesquisas contemporâneas sobre o saber docente. Ijuí: Unijuí, 1998.

GEERTZ, Clifford. *A interpretação das culturas*. Rio de Janeiro: Guanabara, 1989.

GENTILI, Pablo. *Neoliberalismo, qualidade total e educação*: visões críticas. Petrópolis: Vozes, 1995.

GOMES, Marineide de Oliveira. *As identidades de educadoras de crianças pequenas*: um caminho do 'eu' ao 'nós'. 2003. Tese (Doutorado em Educação) – Faculdade de Educação, Universidade de São Paulo, São Paulo, 2003.

GOMES, Marineide de Oliveira. Educar, cuidar e socializar o educador de crianças pequenas: pistas para a formação. *In*: SOUZA NETO, João Clemente; NASCIMENTO, Maria Letícia B. P. (org.). *Infância*: violência, instituições e políticas públicas. São Paulo: Expressão e Arte, 2006. p. 61-70.

GOMES, Marineide de Oliveira. *Estágios na formação de professores*: possibilidades formativas entre ensino, pesquisa e extensão. São Paulo: Loyola, 2011.

GOMES, Marineide de Oliveira. Grupos de pesquisa/formação: potencializando o desenvolvimento profissional de educadoras de crianças pequenas. *In*: PIMENTA, Selma G.; GHEDIN, Evandro; FRANCO, Maria Amélia Santoro (org.). *Pesquisa em educação*: alternativas investigativas com objetos complexos. São Paulo: Loyola, 2006. p. 183-198.

GOMES, Marineide de Oliveira; ANASTASIOU, Lea das Graças Camargos. Formar e formar-se: a voz e vez dos professores. *In*: PIMENTA, Selma G.; FRANCO, Maria Amélia Santoro (org.). *Pesquisa em educação*: possibilidades investigativas/formativas da pesquisa-ação. São Paulo: Loyola, 2008. p. 113-144. v. 2.

GOMES, Marineide de Oliveira; MENDES, Olenir M. Lembranças do "bom professor". *Presença Pedagógica*, Belo Horizonte, v. 5, n. 26, p. 57-62, mar./abr. 1999.

GÓMEZ, Gregorio Rodríguez; FLORES, Javier Gil; JIMÉNEZ, Eduardo García. *Metodología de la investigación cualitativa*. Málaga: Aljibe, 1999.

GONÇALVES FILHO, José Moura. Olhar e memória. *In*: AGUIAR, Flávio *et al. O olhar*. São Paulo: Companhia das Letras, 1988. p. 95-124.

GOODSON, Ivor. Dar voz aos professores: histórias de vida dos professores e o seu desenvolvimento profissional. *In*: NÓVOA, António (org.). *Vidas de professores*. Porto: Porto Editora, 1995. p. 63-78.

GUIMARÃES, Valter Soares. *Formação de professores*: saberes, identidade e profissão. Campinas: Papirus, 2004.

GUIMARÃES, Valter Soares. *Saberes docentes e identidade profissional*: a formação de professores na Universidade Federal de Goiás. 2001. Tese (Doutorado em Educação) – Faculdade de Educação, Universidade de São Paulo, São Paulo, 2001.

GUSMÃO, Denise S. Formação do profissional de creche: dialogando com auxiliares e berçaristas. *In*: FAZOLO, Eliane *et al.* (org.). *Educação infantil em curso*. Rio de Janeiro: Ravil, 1997. p. 69-95.

HARGREAVES, Andy. *Profesorado, cultura y postmodernidad*: cambian los tiempos, cambia el profesorado. Madrid: Morata, 1999.

HUBERMAN, Michaël. O ciclo da vida profissional dos professores. *In*: NÓVOA, António. *Vidas de professores*. Porto: Porto Editora, 1995. p. 31-62.

IMBERNÓN, Francisco. *Formação docente e profissional*: formar-se para a mudança e a incerteza. São Paulo: Cortez Editora, 2000. (Questões de nossa época, 77).

JOSSO, Christine. *Experiências de vida e formação*. Lisboa: Educa, 2002.

JOSSO, Christine. História de vida e projeto: a história de vida como projeto e as histórias de vida a serviço de projetos. *Educação e Pesquisa*, Lisboa, v. 25, n. 2, p. 11-23, jul./dez. 1999.

JOSSO, Christine. Da formação do sujeito... ao sujeito da formação. *In*: NÓVOA, António; FINGER, Mathias (org.). *O método (auto)biográfico e a formação*. Lisboa: Ministério da Saúde, Departamento de Recursos Humanos da Saúde, Centro de Formação e Aperfeiçoamento Profissional, 1998. p. 35-50. (Cadernos de formação, 1).

KISHIMOTO, Tizuko M. Política de formação profissional para a educação infantil: pedagogia e curso normal superior. *Educação & Sociedade*, Campinas, ano XX, n. 68, p. 61-79, dez. 1999.

KRAMER, Sonia. *Profissionais de educação infantil*: gestão e formação. São Paulo: Ática, 2005.

KRAMER, Sonia. Dando vez ao mestre. *Presença Pedagógica*, Belo Horizonte, ano I, n. 4, p. 5-21, jul./ago. 1995.

KRAMER, Sonia. *Por entre as pedras*: arma e sonho na escola. São Paulo: Ática, 1993.

KRAMER, Sonia; LEITE, Maria Isabel F. Pereira. *Infância e produção cultural*. Campinas: Papirus, 1998.

KUHLMANN JÚNIOR, Moysés. Educando a infância brasileira. *In*: LOPES, Eliane M. Teixeira *et al.* (org.). *500 anos de educação no Brasil*. Belo Horizonte: Autêntica, 2000. p. 468-496.

KUHLMANN JÚNIOR, Moysés. *Infância e educação infantil*: uma abordagem histórica. Porto Alegre: Mediação, 1998.

LARROSA, Jorge. Notas sobre a experiência e o saber da experiência. *Revista Brasileira de Educação*, Campinas, n. 19, p. 20-28, jan./abr. 2002.

LARROSA, Jorge. Tecnologias do eu e educação. *In*: SILVA, Tomaz Tadeu da (org.). *O sujeito da educação*: estudos foucaultianos. Petrópolis: Vozes, 1994. p. 35-86.

LARROSA, Jorge *et al. Déjame que te cuente*: ensayos sobre narrativa y educación. Barcelona: Laertes, 1995.

LEITE, Regina Lúcia Scarpa. *Formação do professor leigo de creches como educador reflexivo*: análise de uma experiência. 1998. Dissertação (Mestrado em Educação) – Faculdade de Educação, Universidade de São Paulo, São Paulo, 1998.

LIMA, Maria do Socorro Lucena. *A formação contínua do professor nos caminhos e descaminhos do desenvolvimento profissional*. 2001a. Tese (Doutorado em Educação) – Faculdade de Educação, Universidade de São Paulo, São Paulo, 2001a.

LIMA, Maria do Socorro Lucena. *A hora da prática*: reflexões sobre o estágio supervisionado e ação docente. Fortaleza: Fundação Demócrito Rocha, 2001b.

LIMA, Maria do Socorro Lucena. *O estágio supervisionado como elemento mediador entre a formação inicial do professor e a educação continuada*. 1995. Dissertação (Mestrado em Educação) – Faculdade de Educação, Universidade Federal do Ceará, Fortaleza.

LIMA, Maria do Socorro Lucena; GOMES, Marineide de O. Redimensionando o papel dos profissionais da educação: algumas considerações. *In*: PIMENTA, Selma G.; GHEDIN, Evandro. *Professor reflexivo no Brasil*: gênese e crítica de um conceito. São Paulo: Cortez Editora, 2002. p. 163-186.

LOURO, Guacira Lopes. Gênero e magistério: identidade, história e representação. *In*: CATANI, Denice B. *et al.* (org.). *Docência, memória e gênero*: estudos sobre formação. São Paulo: Escrituras, 1997. p. 75-84.

LUCAS, Jozimas G. *A teoria na formação do educador*: análise dos grupos de formação permanente de professores da Secretaria Municipal de Educação de São Paulo. 1992. Dissertação (Mestrado em Educação) – Pontifícia Universidade Católica de São Paulo, São Paulo, 1992.

LÜDKE, Menga; ANDRÉ, Marli Eliza D. *Pesquisa em educação*: abordagens qualitativas. São Paulo: EPU, 1986.

MALAGUZZI, Loris. O trabalho de colegiado de professores. *In*: EDWARDS, Carolyn. *As cem linguagens da criança*. Porto Alegre: Artes Médicas, 1999. p. 81-91.

MANTOVANI, Susana; PERANI, Rita. Uma profissão a ser inventada: o educador da primeira infância. *Pro-posições – Revista da Faculdade de Educação da Unicamp*, Campinas, n. 28, p. 75-98, 1998.

MARIN, Alda Junqueira (org.). *Educação continuada*. Campinas: Papirus, 2000.

MOITA, Maria da Conceição. Percursos de formação e transformação. *In*: NÓVOA, António (org.). *Vidas de professores*. Porto: Porto Editora, 1995. p. 111-139.

MONTEIRO, Albêne Lis. *Autoformação, histórias de vida e construções de identidades do/a educador/a*. 2002. Tese (Doutorado em Educação) – Pontifícia Universidade Católica de São Paulo, São Paulo, 2002.

MONTEIRO, Silas B. Epistemologia da prática: o professor reflexivo e a pesquisa colaborativa. *In*: PIMENTA, Selma G.; GHEDIN, Evandro. *Professor reflexivo no Brasil*: gênese e crítica de um conceito. São Paulo: Cortez Editora, 2002. p. 111-127.

MORIN, Edgar. *Os sete saberes necessários à educação do futuro*. São Paulo: Cortez Editora; Brasília: Unesco, 2000.

MORIN, Edgar. Epistemologia da complexidade. *In*: SCHNITMAN, Dora Fried (org.). *Novos mapas culturais, cultura e subjetividade*. Porto Alegre: Artes Médicas, 1996. p. 274-289.

MUSSI, Mônica Cristina. *O grupo de formação e seus protagonistas*: uma leitura institucional das práticas de formação docente em serviço. 2000. Dissertação (Mestrado em Educação) – Faculdade de Educação, Universidade de São Paulo, São Paulo, 2000.

NAKANO, Marilena; ANCASSUERD, Marli P. Tecendo lembranças, produzindo conhecimento. *In*: ENCONTRO NACIONAL DE DIDÁTICA E PRÁTICA DE ENSINO (Endipe), 12., 2004, Curitiba. *Anais[...]*. Curitiba, 2004. p. 1.229-1.242. 1 CD-ROM.

NASCIMENTO, Maria Evelyna P. Os profissionais da educação infantil e a nova Lei de Diretrizes e Bases da Educação Nacional. *In*: FARIA, Ana Lúcia G.; PALHARES, Marina Silveira (org.). *Educação infantil pós-LDB*: rumos e desafios. Campinas, SP: Autores Associados: Unicamp; São Carlos: UFSCar; Florianópolis: UFSC, 1999. p. 99-112.

NICOLAU, Marieta L. M.; DIAS, Marina Célia M. (org.). *Oficinas de sonho e realidade na formação do educador da infância*. Campinas: Papirus, 2003.

NIZA, Sérgio. O modelo curricular de educação pré-escolar da Escola Moderna Portuguesa. *In*: OLIVEIRA-FORMOSINHO, Júlia (coord.). *Modelos curriculares para a educação de infância*. Porto: Porto Editora, 1996. p. 137-156.

NÓVOA, António. Prefácio. *In*: JOSSO, Christine. *Experiências de vida e formação*. Lisboa: Educa, 2002. p. 7-12.

NÓVOA, António. *O regresso dos professores*. Pinhais: Melo, 2011.

NÓVOA, António. Os professores na virada do milênio: do excesso dos discursos à pobreza das práticas. *Educação e Pesquisa*, São Paulo, v. 25, n. 1, p. 11-20, jan./jul. 1999.

NÓVOA, António. Profissão Docente. *Revista Educação*, São Paulo, p. 1-5, ed. 196, ago. 2001a.

NÓVOA, António. Professor se forma na escola. *Nova Escola*, São Paulo, ed. 142, maio 2001b.

NÓVOA, António. *Vidas de professores*. Porto: Porto Editora, 1995.

NÓVOA, António (coord.). *Os professores e sua formação*. Lisboa: Dom Quixote: Instituto de Inovação Educacional, 1992.

NÓVOA, António. A formação contínua entre a pessoa-professor e a organização-escola. *Inovação*, Porto, v. 4, n. 1, p. 63-76, 1991.

NÓVOA, António. *Profissão professor*. Porto: Porto Editora, 1991.

NÓVOA, António. *Um tempo de ser professor*. Palestra proferida no Museu João de Deus. Lisboa, 1987. Mimeografado.

NUNES, Cely do S. Costa. *Os sentidos da formação contínua e a formação de professores no Brasil*. 2000. Tese (Doutorado em Educação) – Faculdade de Educação, Universidade Estadual de Campinas, Campinas, São Paulo, 2000.

OLIVEIRA, Zilma M. R. *Educação infantil*: fundamentos e métodos. São Paulo: Cortez Editora, 2002.

OLIVEIRA-FORMOSINHO, Júlia. A supervisão pedagógica da formação inicial de professores no âmbito de uma comunidade de prática. *Infância e Educação*: investigação e práticas, Lisboa, n. 4, p. 42-68, set. 2002.

OLIVEIRA-FORMOSINHO, Júlia. *O desenvolvimento profissional das educadoras de infância*: um estudo de caso. 1998a. Tese (Doutoramento em Estudos da Criança) – Universidade do Minho, Braga, 1998a.

OLIVEIRA-FORMOSINHO, Júlia (coord.). *Modelos curriculares para a educação de infância*. Porto: Porto Editora, 1998b.

OLIVEIRA-FORMOSINHO, Júlia; KISHIMOTO, Tizuko M. *Formação em contexto*: uma estratégia de integração. São Paulo: Pioneira Thomson, 2002.

OLIVEIRA-FORMOSINHO, Júlia; FORMOSINHO, João. *Associação criança*: um contexto de formação em contexto. Braga: Livraria Minho, 2001.

ONGARI, Barbara; MOLINA, Paola. *A educadora de creche*: construindo suas identidades. Tradução de Fernanda L. Ortale e Ilse P. Moreira. São Paulo: Cortez Editora, 2003.

OSTETTO, Luciana E. (org.). *Educação infantil*: saberes e fazeres da formação de professores. Campinas: Papirus, 2008.

OSTETTO, Luciana E. (org.). *Encontros e encantamentos na educação infantil*: partilhando experiências de estágios. Campinas: Papirus, 2000.

OSTETTO, Luciana E. Deslocamentos, aproximações e encontros estágio docente na educação infantil. *In*: GOMES, Marineide de O. (org.). *Estágios na formação de professores*: possibilidades formativas entre ensino, pesquisa e extensão. São Paulo: Loyola, 2011. p. 79-98.

OSTETTO, Luciana E.; OLIVEIRA, Eloisa R.; MESSINA, Virgínia. S. *Deixando marcas... A prática do registro do cotidiano da educação infantil*. Florianópolis: Cidade Futura, 2001.

PANIAGUA, Gema; PALÁCIOS, Jesús. *Educação infantil*: resposta educativa à diversidade. Porto Alegre: Artmed, 2007.

PERRENOUD, Philippe. Formar professores em contextos sociais em mudança: prática reflexiva e participação política. Tradução de Denice B. Catani. *Revista Brasileira de Educação*, Campinas, n. 12, p. 5-21, set./dez. 1999.

PERROT, Michelle. *Mulheres públicas*. Tradução de Roberto Leal Ferreira. São Paulo: Unesp, 1997.

PERROTTI, Edmir. *Confinamento cultural, infância e leitura*. São Paulo: Summus, 1990.

PIMENTA, Selma Garrido. *Saberes pedagógicos e atividade docente*. São Paulo: Cortez Editora, 1999.

PIMENTA, Selma Garrido. Didática como mediação na construção da identidade do professor: uma experiência de ensino e pesquisa na licenciatura. *In*: ANDRÉ, Marli E. D. A.; OLIVEIRA, Maria Rita S. (org.). *Alternativas do ensino de Didática*. Campinas: Papirus, 1997. p. 37-70.

PIMENTA, Selma Garrido. *Pedagogia, ciência da educação?*. São Paulo: Cortez Editora, 1996.

PIMENTA, Selma Garrido. *O estágio na formação de professores*: unidade teoria e prática?. São Paulo: Cortez Editora, 1994.

PIMENTA, Selma Garrido; GHEDIN, Evandro (org.). *Professor reflexivo no Brasil*: gênese e crítica de um conceito. São Paulo: Cortez Editora, 2002.

PIMENTA, Selma Garrido; LIMA, Maria do Socorro L. *Estágio e docência*. São Paulo: Cortez Editora, 2004.

PRADO, Adélia. *Poesia reunida*. São Paulo: Siciliano, 1999.

PREFEITURA DO MUNICÍPIO DE SÃO PAULO. Secretaria Municipal de Educação. *Grupos de formação*: uma (re)visão da educação do educador. São Paulo, 1990. (Cadernos de formação, 1).

RIOS, Terezinha A. *Compreender e ensinar*: por uma docência da melhor qualidade. São Paulo: Cortez Editora, 2001.

ROCHA, Eloísa A. Candau. A Pedagogia e a educação infantil. *Revista Brasileira de Educação*, Campinas, n. 16, p. 27-34, jan./abr. 2001.

RODRIGUES, Ângela; ESTEVES, Manuela. *A análise de necessidades na formação de professores*. Porto: Porto Editora, 1993.

ROSEMBERG, Fúlvia. O movimento de mulheres e a abertura política no Brasil: o caso da creche. *Cadernos de Pesquisa*, São Paulo, n. 51, p. 73-79, nov. 1984.

ROSEMBERG, Fúlvia; CAMPOS, Maria Malta. *Creches e pré-escolas no hemisfério norte*. São Paulo: Cortez Editora: Fundação Carlos Chagas, 1994.

SACRISTÁN, João Gimeno. *Poderes instáveis em educação*. Tradução de Beatriz Affonso Neves. Porto Alegre: Artes Médicas, 1999.

SACRISTÁN, José Gimeno. *O aluno como invenção*. Porto Alegre: Artmed, 2005.

SANTOS, Boaventura de Sousa. *Pela mão de Alice*: o social e o político na pós-modernidade. São Paulo: Cortez Editora, 1995.

SARAMAGO, José. *Ensaio sobre a cegueira*. São Paulo: Companhia das Letras, 1995.

SARMENTO, Teresa. *Histórias de vida de educadoras de infância*. Lisboa: Ministério da Educação, Instituto de Inovação Educacional, 2002.

SAVATER, Fernando. *O valor de educar*. São Paulo: Planeta do Brasil, 2005.

SCALCO, Gildo. Imaginário infantil: o medo no primeiro dia de aula. *Presença Pedagógica*, Belo Horizonte, v. 5, n. 26, mar./abr. 1999

SCHÖN, Donald. Formar professores como profissionais reflexivos. *In*: NÓVOA, António (coord.). *Os professores e sua formação*. Lisboa: Dom Quixote, 1992. p. 77-91.

SCOTT, Joan W. Gênero: uma categoria útil de análise histórica. *Educação e Realidade*, Porto Alegre, v. 16, n. 2, p. 5-22, jul./dez. 1990.

SILVA, Isabel Oliveira e. *Educação infantil no coração da cidade*. São Paulo: Cortez Editora, 2008.

SILVA, Maria Odete E. da. *A análise de necessidades de formação na formação continuada de professores*: um caminho para a integração escolar. 2000. Tese (Mestrado em Educação) – Faculdade de Educação, Universidade de São Paulo, São Paulo, 2000.

SILVA, Maria Odete E. da. Um discurso sobre as ciências na transição para uma ciência pós-moderna. *Estudos Avançados*: Universidade de São Paulo, São Paulo, v. 7, n. 21, p. 46-71, 1992.

STAKE, Robert E. *Investigación con estudio de casos*. Madrid: Morata, 1998.

TARDIF, Maurice. *Saberes docentes e formação profissional*. Tradução de Francisco Pereira. Petrópolis: Vozes, 2002.

TARDIF, Maurice. Saberes profissionais dos professores e conhecimentos universitários. *Revista Brasileira de Educação*, Campinas, n. 13, p. 5-24, jan./abr. 2000.

TARDIF, Maurice; LESSARD, Claude. *O trabalho docente*: elementos de uma teoria da docência como profissão de interações humanas. Tradução de João B. Kreuch. Petrópolis: Vozes, 2005.

TARDIF, Maurice; LESSARD, Claude; GAUTHIER, C. *Formação dos professores e contextos sociais*. Lisboa: Rés, 1999.

TARDIF, Maurice; RAYMOND, Danielle. Saberes, tempo e aprendizagem do trabalho no magistério. *Educação & Sociedade*, Campinas, ano XXI, n. 73, p. 209-244, dez. 2000.

THIOLLENT, Michel. *Metodologia da pesquisa-ação*. São Paulo: Cortez Editora; Autores Associados, 1988.

WARSCHAUER, Cecília. *A roda e o registro*: uma parceria entre professor, alunos e conhecimento. São Paulo: Paz e Terra, 1996.

WOODWARD, Kathryn. Identidade e diferença: uma introdução teórica e conceitual. *In*: SILVA, Tomaz Tadeu da (org.). *Identidade e diferença*: a perspectiva dos estudos culturais. Petrópolis: Vozes, 2000. p. 7-72.

VÁZQUEZ, Adolfo Sánchez. *Filosofia da práxis*. Tradução de Luis Fernando Cardoso. São Paulo: Paz e Terra, 1977.

ZABALZA, Miguel A. *Diários de aula*: contributo para o estudo dos dilemas práticos dos professores. Porto: Porto Editora, 1994.

ZEICHNER, Kenneth M. Formação de professores: contato direto com a realidade da escola. *Presença Pedagógica*, Belo Horizonte, v. 6, n. 34, p. 5-15, jul./ago. 2000.

ZEICHNER, Kenneth M. Para além da divisão entre professor-pesquisador e pesquisador acadêmico. *In*: GERALDI, Corinta M.; FIORENTINI, Dario; PEREIRA, Elisabete M. A. *Cartografias do trabalho docente*. Campinas: Mercado de Letras, 1998. p. 207-236.

ZEICHNER, Kenneth M. Novos caminhos para o *practicum*: uma perspectiva para os anos 90. *In*: NÓVOA, António (coord.). *Os professores e sua formação*. Lisboa: Dom Quixote, 1992. p. 93-114.

ZEICHNER, Kenneth M. O professor como profissional reflexivo. *Cuadernos de Pedagogía*, Barcelona, n. 220, p. 44-49, 1992.

Documentos oficiais consultados

BRASIL. Conselho Nacional de Educação. Câmara de Educação Básica. *Resolução CEB n. 1, de 7 de abril de 1999.* Institui as Diretrizes Curriculares Nacionais para a Educação Infantil. Brasília, DF, 13 abr. 1999. Seção 1, p. 18. Disponível em: http://portal.mec.gov.br/dmdocuments/resolucao_ceb_0199.pdf. Acesso em: 10 jan. 2025.

BRASIL. Conselho Nacional de Educação. Câmara de Educação Básica. *Resolução CEB n. 2, de 19 de abril de 1999.* Institui Diretrizes Curriculares Nacionais para a Formação de Docentes da Educação Infantil e dos anos iniciais do Ensino Fundamental, em nível médio, na modalidade normal. Brasília, DF, 23 abr. Disponível em: http://portal.mec.gov.br/cne/arquivos/pdf/rceb02_99.pdf. Acesso em: 10 jan. 2025.

BRASIL. Conselho Nacional de Educação. Câmara de Educação Básica. Resolução CNE/CEB n. 3, de 3 de agosto de 2005. Define normas nacionais para a ampliação do Ensino Fundamental para nove anos de duração. *Diário Oficial da União*, Brasília, DF, 8 ago. 2005. Disponível em: https://www.normasbrasil.com.br/norma/?id=102472. Acesso em: jan. 2025.

BRASIL. Conselho Nacional de Educação. Conselho Pleno. Resolução CNE/CP n. 1, de 18 de fevereiro de 2002. Institui Diretrizes Curriculares Nacionais para a Formação de Professores da Educação Básica em nível superior, curso de licenciatura, de graduação plena. *Diário Oficial da União*, Brasília, DF, 9 abr. 2002. Seção 1, p. 31. Disponível em: http://portal.mec.gov.br/cne/arquivos/pdf/rcp01_02.pdf. Acesso em: 10 jan. 2025.

BRASIL. Conselho Nacional de Educação. Conselho Pleno. Resolução CNE/CP n. 2, de 19 de fevereiro de 2002. Institui a duração e a carga horária dos cursos de licenciatura, de graduação plena, de formação de professores da educação básica em nível superior. *Diário Oficial da União*, Brasília, DF, 4 mar. 2002. Seção 1, p. 9.

Disponível em: http://portal.mec.gov.br/cne/arquivos/pdf/CP022002.pdf. Acesso em: 10 jan. 2025.

BRASIL. *Lei Federal n. 8.069 de 13 de julho de 1990*. Institui o Estatuto da Criança e do Adolescente. Presidência da República. Brasília:DF, 1990. Disponível em: https://www.planalto.gov.br/ccivil_03/leis/l8069.htm. Acesso em: 08 de maio de 2025.

BRASIL. Ministério da Educação. Secretaria da Educação Fundamental. *Referencial Curricular Nacional para a Educação Infantil*. Brasília, DF: MEC/SEF, 1998. 3 v. Disponível em: http://portal.mec.gov.br/seb/arquivos/pdf/volume2.pdf. Acesso em: jan. 2025.

BRASIL. Presidência da República. Casa Civil. Subchefia para Assuntos Jurídicos. *Constituição da República Federativa do Brasil*. Brasília, DF, 5 out. 1998. Disponível em: https://www.planalto.gov.br/ccivil_03/Constituicao/Constituicao.htm. Acesso em: jan. 2025.

BRASIL. Presidência da República. Casa Civil. Subchefia para Assuntos Jurídicos. *Lei n. 9.394, de 20 de dezembro de 1996*. Estabelece as diretrizes e bases da educação nacional. Brasília, DF, 20 dez. 1996. Disponível em: https://www.planalto.gov.br/ccivil_03/Leis/L9394.htm. Acesso em: jan. 2025.

BRASIL. Presidência da República. Casa Civil. Subchefia para Assuntos Jurídicos. *Lei n. 9.424, de 24 de dezembro de 1996*. Dispõe sobre o Fundo de Manutenção e Desenvolvimento do Ensino Fundamental e de Valorização do Magistério, na forma prevista no art. 60, § 7º, do Ato das Disposições Constitucionais Transitórias, e dá outras providências. Brasília, DF, 24 dez. Disponível em: https://www.planalto.gov.br/ccivil_03/LEIS/L9424.htm. Acesso em: jan. 2025.

Musicografia (CD):

BOCA LIVRE E 14 BIS. Bola de Meia, Bola de Gude. *In*: *Boca Livre sem Limite*. Letra de Milton Nascimento e Fernando Brant. CD1. São Paulo: Universal Music Ltda, 2000.

CAZUZA, O tempo não para. *In*: *O tempo não para*. CAZUZA; BRANDÃO, Arnaldo. Rio de Janeiro: Polygram, 1989.

Sobre a autora

Foto: arquivo pessoal.

Marineide de Oliveira Gomes

É pedagoga. Atuou em creches e pré-escolas, nos anos iniciais do ensino fundamental – na docência, direção e coordenação pedagógica – e em equipes de governos municipais – em áreas da Assistência Social e da Educação, na coordenação de programas para a infância. Atua como professora em cursos de nível superior de formação de professores. Mestre e doutora pela Faculdade de Educação da Universidade de São Paulo, desenvolve estudos e pesquisas nas áreas de educação infantil, formação de educadores e políticas para a infância. É docente da Unifesp – *Campus* Guarulhos, no curso de Pedagogia. Entre outras produções, compõe o grupo de coautores das coletâneas *Professor reflexivo no Brasil: gênese e crítica de um conceito* (Cortez Editora, 2002); *Pesquisa em educação: alternativas investigativas com objetos complexos* (Loyola, 2006); *Pesquisa em educação: possibilidades investigativas/formativas da pesquisa-ação* (Loyola, 2008). Integra ainda o Gepefe – Grupo de Estudos e Pesquisas sobre Formação de Educadores –, vinculado à FE/USP.

CORTEZ EDITORA
www.cortezeditora.com.br